Die Silbe
im Anfangsunterricht Deutsch

Festschrift zum zehnjährigen Jubiläum des Lehrgangs
ABC der Tiere – Silbenmethode mit Silbentrenner

Mildenberger Verlag

Vorwort

Vor etwas über zehn Jahren wurde der Verlag auf einen Lehrer aufmerksam. Dieser Lehrer, hieß es, unterrichte sehr erfolgreich im Lesen und Schreiben. Nicht nur, dass die Kinder flüssig und sinnverstehend läsen und dabei sehr sicher in der Rechtschreibung seien, es gebe auch keine Kinder mit einer Lese- und Rechtschreibschwäche: Prävention statt Kompensation. Neugierig geworden haben wir diesen Lehrer in den Verlag eingeladen, um ihn, sein Material und seine Methode kennen zu lernen.

Elementare Bausteine des Konzeptes waren die Silbe und Übungen zum Rhythmus und zur Koordination. Überzeugt von der Methode und im Bewusstsein, damit neue Wege zu beschreiten, entschied sich der Verlag zur Veröffentlichung des Materials von Klaus Kuhn. Im Jahr 2000 erschien die erste Silbenfibel des Lehrgangs ABC der Tiere.

Zum 10-jährigen Jubiläum von ABC der Tiere haben wir Personen, die sich wissenschaftlich mit der Lese- und Schreibdidaktik oder der Linguistik beschäftigen, eingeladen einen Beitrag für die Festschrift zu verfassen. Allen gemeinsam ist, dass sie die Silbe, beziehungsweise Rhythmus- und Koordinationsübungen in den Mittelpunkt ihrer Überlegungen stellen. Die Beiträge der Festschrift zeigen die ganze Breite der wissenschaftlichen Diskussion.

ABC der Tiere möchte die Erkenntnisse der Linguistik und der Lese- und Schreibdidaktik in eine nutzbare Form für den täglichen Unterricht übertragen. Der große Erfolg des Lehrgangs spricht dafür, dass das in weiten Teilen gelungen ist.

Ich wünsche Ihnen viel Freude und Gewinn beim Lesen der Festschrift.

Frank Mildenberger, Verleger

Inhalt

Vom Nutzen der Silbe für den Schriftspracherwerb

Prof. Dr. Christina Noack

1. Die Silbe in der Geschichte der Schrifterwerbsdidaktik

Die Idee, Leseanfängern den Zugang zur Schriftsprache über die Silbe zu erleichtern, ist keineswegs neu: Bereits vor 500 Jahren entwickelte einer der Vorreiter des muttersprachlichen Leseunterrichts, der Grammatiker und Schulmeister Valentin Ickelsamer (ca. 1500 – 1541), in seiner *Schrift „Die rechte weis auffs kürtzist lesen zu lernen"* (1527/1972) eine Methode, die dem Konzept des „ABC der Tiere" nicht unähnlich ist. Ickelsamer verwendete in seinen Leseübungen einen Schriftsatz, in dem die Silben durch Virgeln (bei gleichzeitiger Wortgrenze) und Spatien voneinander getrennt erschienen:

Du / solt / kein / falsch / ge zeu gnis / ge ben / wi der / dey nen / nech sten. (Ickelsamer 1527/1972)

Ickelsamers Verdienst für den muttersprachlichen Unterricht besteht in der Entwicklung und Verbreitung eines Verfahrens, bei dem nicht die Buchstabennamen, sondern die phonologische Struktur der Wörter die Grundlage für das Lesenlernen bildet: „*Aber wenn ich sage: Lesen heiße und sei nicht anders, denn die Buchstaben nennen, so verstehen mich die noch nicht, die die Buchstaben nicht anders zu nennen wissen, denn a, be, ce, de, eff etc., welches ist wider ihre Kraft und Art, und sind also genennet mehr Silben denn Buchstaben. Auf diese Weise lernt keiner lesen, denn durch lange Gewohnheit.*" (ebd.; Orthographie angepasst, CN) Mit diesem Konzept liefert Ickelsamer einen Gegenentwurf zur damals wohl ausnahmslos verwendeten Buchstabiermethode, die er als unpraktikabel ablehnt. Anders als in modernen Fibellehrgängen basiert sein Ansatz jedoch nicht auf Lauten als isolierten Spracheinheiten, sondern auf der Silbenstruktur, in der er die Laute paradigmatisch substituiert. Die Silbe unterteilt er in die drei Konstituenten *Anfangsrand*, *Nukleus* und *Endrand*, wobei er den Rändern Konsonanten und dem Nukleus

Vokale zuweist. Als Übungsmaterial verwendet er einsilbige Wörter, wie in Abb. 1 zu sehen.

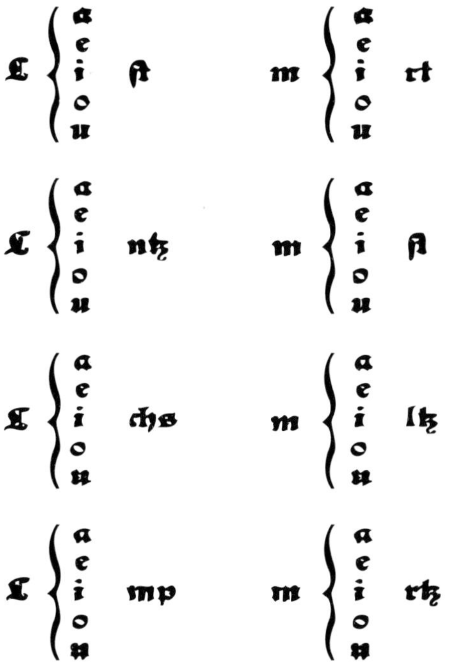

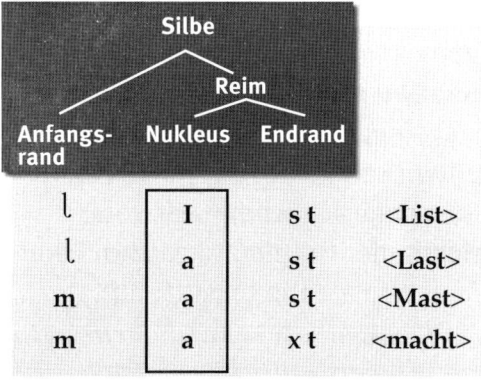

Abb.1: Leseübungen aus Ickelsamer (1527/1972)

Anschließend demonstriert er in seinen Übungen, wie der Leseschüler durch Substitution der Buchstaben neue Silben generieren kann. Die Konstituentenstruktur der Silbe entspricht dabei durchaus derjenigen der modernen Silbenphonologie (Abb. 2). Dass Lesen einen wesentlich komplexeren Vorgang darstellt, als Lautketten zu artikulieren, verdeutlicht folgende Passage bei Ickelsamer, mit der er Übungen für mehrsilbige Simplizia und Komposita einleitet:

„... (die anhebenden Leser können) die rechte Weis zu lesen nicht so wohl merken und vernehmen in ganzen und langen Wörtern, darin man eben renken und umkehren muss, wie ein Fuhrmann in einem krummen und verlegten Wege."
(Orthographie angepasst, CN)

Silbe		
	Reim	
Anfangs-rand	Nukleus	Endrand
l	I	s t	<List>
l	a	s t	<Last>
m	a	s t	<Mast>
m	a	x t	<macht>

Abb. 2: Silbenstruktur einsilbiger Wörter mit den Konstituenten Anfangsrand, Nukleus und Endrand. (Durch Ersetzung der Vokale und Konsonanten in den Konstituenten entstehen neue Wörter.)

Ickelsamer ging es mit seiner Methode also darum, die Buchstaben als Repräsentanten silbischer Einheiten – und nicht einzelner Laute – zu vermitteln. Indem der Leser die silbische Struktur der Wörter erfasst, ist er gleichzeitig in der Lage, sie phonologisch korrekt zu artikulieren. 300 Jahre nach Ickelsamer stellt der Pädagoge Heinrich Stephani (1761 – 1850) die Bedeutung der Silbe für das Lesenlernen erneut heraus. In seiner Schrift

„Kurzer Unterricht in der gründlichsten und leichtesten Methode Kindern das Lesen zu lehren" (1803) ist es ihm ein Anliegen, strikt zwischen Buchstabennamen als willkürlicher Bezeichnung und dem Lautwert des Zeichens zu unterscheiden, was nach seiner Aussage vielen Pädagogen und Schulmeistern nicht einsichtig sei. Vielmehr meine man *„mit dem Namen des Buchstabens auch zugleich den Laut desselben gelehret zu haben"* (S. 10). Tatsächlich, so Stephani, könne das Lesen nur durch die Fertigkeit, *„Sylben zu lesen"* erlernt werden (S. 14), denn *„augenscheinlich wird derjenige Schüler in der Lesefertigkeit schnellere Fortschritte machen, der bei dem ersten Augenblicke eines Wortes weiß, wieviele Buchstaben davon zu jeder Sylbe gehören"* (Stephani 1814, S. 89). Stephani bezeichnet die von ihm selbst favorisierte Lesestrategie als *„synthetisch"* und meint damit, *„die bezeichneten einzelnen Laute in Einen (sic!) zusammengesetzten Laut oder in eine Sylbe zu verbinden"*. Demgegenüber nennt er den Schreibprozess *„analytisch"*, weil *„wir dem Auge in einzelnen Zeichen zergliedert wieder darzustellen haben, was das Gehör dort als Ganzes (als eine Sylbe oder ein Wort) empfangen hat"* (1803, S. 20). Sosehr das Buchstabieren dem Lesenlernen entgegenstehe, so wichtig sei es andererseits für den Schreibprozess, *„weil das Buchstabiren im Grunde nichts anders ist, als Zergliederung eines Ganzen (einer Sylbe oder eines Wortes) in seine Elementartheile, was der Schüler beim Schreiben gerade auch beabsichtiget."* (ebd.)

Die Beachtung der Silbe als Gliederungseinheit des (phonologischen) Wortes begründet den wesentlichen Unterschied zwischen dem Ansatz Stephanis und modernen Leselehrverfahren, wie sie in allen gängigen Fibeln vertreten werden. Als „synthetisch" wird in der modernen Lesedidaktik bekanntermaßen ein Schriftzugang bezeichnet, der von den einzelnen Lauten ausgeht, die zu Wörtern „zusammengezogen", d.h. synthetisiert werden. Die Einheit Silbe war zwar Gegenstand der entsprechenden Lehrgänge, die v.a. in den Fibeln der 1960er-Jahre vorherrschend waren (z.B. „Meine lustige Fibel", um 1954, Schroedel; „Meine liebe Fibel", 1970, Kamp), sie wurde dort jedoch nicht explizit thematisiert. Der Psychologe Ernst Meumann (1862 – 1915) warnte bereits zu Beginn des 20. Jh. vor einer naiven

Reduzierung des Leseprozesses auf die Lautsynthese. Schwierigkeiten beim anfänglichen Lesen, so Meumann, resultierten u.a. aus der Lautiermethode, wenn sie darin bestünde, isolierte Laute zu „lesen" (was, wie wir oben gesehen haben, der angebliche „Erfinder" Ickelsamer ganz und gar nicht im Sinn hatte). Denn *„der isolierte (lautierte) Laut klingt anders als der im Worte gesprochene, mit den übrigen Lauten verbundene Laut"* (Meumann/Scheerer 1982, S. 141). Was Meumann hier anspricht und was sich ähnlich bereits in der Arbeit Ickelsamers findet, ist ein in der Phonetik als Koartikulation bekanntes Phänomen (Kohler 1995, S. 202), das sich neben dem auditiven Eindruck auch physikalisch messen lässt: Benachbarte Laute beeinflussen sich bei der Artikulation in ihrem Spektrum gegenseitig. Tatsächlich belegen neuere Arbeiten, dass es schwachen Lesern (v.a. im Grundschulalter) häufig nicht gelingt, Wörter über die Artikulation einzelner Lautgebilde hinaus zu rekodieren (vgl. Röber-Siekmeyer/Pfisterer 1998).

In die gleiche Kerbe schlägt Wilhelm Reyer, wenn er davor warnt, dass *„ein verhängnisvoller Irrtum in den Lesebetrieb hineingetragen wird, wenn man das geschriebene Wort als Analogon des gesprochenen betrachtet. Ein Schriftbild ist die Addition der Einzelformen der Buchstaben. [...] Der Wortschall aber lässt sich nicht in gleicher Weise in seine Elemente zerlegen"* (1912, S. 10).

2. Silbe und Laut in modernen Fibelkonzepten

Die überwiegende Anzahl der heutigen Fibeln arbeitet lautzentriert. D. h. den Kindern wird ein Zugang zur Schriftsprache angeboten, an dessen Anfang die Lautgewinnung steht, bevor anschließend Laute zu Wörtern synthetisiert werden. Auffällig ist dabei, dass die Lautgewinnung prinzipiell buchstabenabhängig erfolgt, da nur solche Laute eingeführt werden, die in der Schrift durch ein entsprechendes Zeichen repräsentiert sind. In der Regel erfolgt die Lautgewinnung mithilfe der „Anlautmethode": Bestimmte Wörter dienen als Repräsentanten und Erinnerungshilfe für eine Laut-Buchstaben-Korrespondenz, wobei die Wörter so gewählt werden, dass der Buchstabe stets am Anfang steht. In den ersten Leseübungen geht es dann darum, die Anlaute der (auf Bildern dargestellten) Wörter zu dem entsprechenden Zielwort zu synthetisieren, wie in folgendem Beispiel:

| Löwe | Elefant | Nashorn | Affe | = | Lena |

Mehrere Aspekte sind an dieser Methode zu problematisieren:

- Sie entspricht nicht der natürlichen Sprachverarbeitung. Die Kinder müssen eigenständig, d.h. unangeleitet, mehrere Lernschritte vollziehen, von denen die silbische Artikulation der gelesenen Wörter einer der wichtigsten ist. Wörter sind, wie oben ausführlich dargestellt, eben keine Ketten von Einzellauten, sondern sie bestehen aus Silben, die ihrerseits eine öffnend-schließende Artikulationsbewegung darstellen. Das, was gemeinhin als Laute verstanden wird, sind phonetisch gesprochen Extrempunkte der Artikulationsbewegungen, die untereinander koartikulatorisch verbunden sind. Bei der Koartikulation handelt es sich daher um ein Phänomen, das die Lautgewinnung zumindest erschwert.

- Der Prozess der „Lautgewinnung" unterliegt der falschen Annahme, dass die in der deutschen Sprache vorkommenden Laute ausschließlich solche seien, die durch Buchstaben repräsentiert werden. Tatsächlich gibt es Phoneme im Deutschen, die nicht geschrieben werden. Kinder nehmen sie zu Beginn ihres Schrifterwerbs noch deutlich wahr, was zu den typischen Kinderschreibungen führt, vgl. *⟨osdaeija⟩ wegen [ʔoːsdɐʔaⁱʲɐ] (Noack 2008).

- Ein drittes Problem besteht darin, dass die Fibeln von konstanten Buchstaben-Laut-Korrespondenzen ausgehen, die in Wahrheit so nicht bestehen. Bekanntestes Beispiel ist der Buchstabe *e*, der eine Vielzahl ganz unterschiedlicher Funktionen aufweist.

(1)
a. gespannter Vokal ([e]):   ‹Wege›
b. ungespannter Vokal ([ɛ]):   ‹Wecker›
c. Reduktionsvokal („Schwa" [ə]):   ‹Wege›
d. in Verbindung mit r Reduktionsvokal (tiefes Schwa [ɐ]):   ‹Wecker›
e. Null-Artikulation in reduzierter Silbe: ‹ruhen› ([ru:n])
f. erster Teil des Schreibdiphthongs ‹ei› ([aɪ]):   ‹heiß›
g. erster Teil des Schreibdiphthongs ‹eu› ([ɔɪ]):   ‹Heu›
h. Dehnungszeichen nach i: ‹hieß›

Wir können mit den Beispielen unter (1) also mindestens 7 unterschiedliche Funktionen ausmachen, die der Buchstabe e im Deutschen erfüllt. Einen Vollvokal ([e] bzw. [ɛ]) repräsentiert er lediglich in zwei dieser Fälle. Genau diese beiden Funktionen sind es aber, auf die der Buchstabe in den Fibellehrgängen reduziert wird: Mithilfe der Anlautmethode werden der gespannte und der ungespannte Vokal durch Wörter eingeführt, in denen der Buchstabe zu Beginn steht, häufig sind dies Wörter wie **E**sel oder **E**lefant sowie **E**nte. Umgekehrt bedeutet dies: Die übrigen 5 Funktionen kommen zu Beginn des Schriftunterrichts gar nicht vor, was gerade bei freien Lese- und Schreibversuchen die Schüler an Grenzen stoßen lässt, wie folgendes Beispiel aus der unterrichtlichen Praxis illustriert: *„Florian ...*

bemühte sich, allein mit einer Anlauttabelle seine Wörter zu schreiben, brauchte aber meine Hilfe, als er das [ɐ] suchte, weil er Leiter schreiben wollte. Ich erklärte ihm, das könnte er dort auch nicht finden, er müsse dafür <er> schreiben. Er legte die Tabelle zur Seite und sagte, ‚Dann kann ich die nicht gebrauchen.'" (Winkler 2004: 22f.). Im Sinne eines progressiven Schriftunterrichts wäre dies vielleicht nicht weiter problematisch, leider wird das gesamte Spektrum der Buchstabenfunktionen jedoch auch in späteren Grundschuljahren kaum thematisiert.

• Viertens ist die fehlende Trennung der sprachlichen Ebenen zu nennen: So wird i.d.R. nicht oder nicht ausreichend zwischen Buchstaben und Lauten unterschieden (worauf Stephani ja bereits eindringlich hinwies):

Ein beliebter Aufgabentyp ist beispielsweise das „Heraushören" einzelner Laute aus Wörtern; bei genauerem Hinsehen wird jedoch deutlich, dass sich die Autoren vom Schriftbild haben leiten lassen und nicht von der phonologischen Wortstruktur; so ist es geradezu eine unlösbare Aufgabe, in dem Wort „Bär" ein konsonantisches [ʀ] auszumachen, da *r* hier – in postvokalischer Position – vokalisiert artikuliert wird ([bɛːɐ], vgl. auch Wörter wie *Tür, Vier, Tor*).

Was hier gehört werden soll, sind also eigentlich die Buchstaben, die aufgrund der Besonderheiten des deutschen Schriftsystems in vielen Fällen jedoch ganz andere lautliche Entsprechungen haben als in den Anlautwörtern. Für die Schüler können sich aus derartigen Aufgabenstellungen nicht unerhebliche Probleme ergeben, ebenso wie für die Lehrer, denen die Schwierigkeiten ihrer Zöglinge zumeist unverständlich bleiben.

3. Zum didaktischen Mehrwert silbenbasierter Schrifterwerbskonzepte

Die amerikanische Schrifterwerbsforschung hat bereits vor vier Jahrzehnten experimentell nachweisen können, dass die Silbe als rhythmische Einheit für Kinder bereits vor dem Schrifterwerb intuitiv wahrnehmbar ist – im Gegensatz zum Laut (vgl. Liberman u.a. 1974). Diese Erkenntnis hat sich international durchgesetzt und wird aktuell im Rahmen der sprachlichen Frühförderung genutzt, wenn die Kinder mit Reimen und Versen spielerisch mit sprachlichen Strukturen umgehen lernen. Ziel entsprechender Förderprogramme ist häufig die Herausbildung der sogenannten „phonologischen Bewusstheit" (PB), die als wichtige kognitive Voraussetzung für das Lesen- und Schreibenlernen gilt. Die Forschung unterscheidet zwischen PB im engeren und im weiteren Sinn. PB im weiteren Sinn bezieht sich auf die Fähigkeit, Wörter zu syllabieren, aber auch Silben in den konsonantischen Anfangsrand und den Reim zu gliedern: bl au. PB im engeren Sinne bezieht sich auf die kognitiv sehr viel anspruchsvollere Aufgabe, Silben in ihre Laute zu zerlegen.

Amerikanischen Untersuchungen zufolge sind Schriftanfänger hierzu kaum in der Lage, während sie relativ mühelos Anfangsränder oder Reime ersetzen können (z.B. bl au – sch au; sch au – sch eu). Gleichzeitig fällt ihnen die graphische Repräsentierung komplexer Ränder (bl au) sehr viel schwerer als die von einfachen (*B* au). Darüber hinaus ist die Wahrnehmung einzelner Segmente von ihrer Silben- und Wortposition abhängig: Konsonanten werden im absoluten Wortanlaut leichter herausgehört als in gedeckter Position (vgl. den Überblick über die angloamerikanische Forschung in Grümmer/Welling 2002). 1937 hat der deutsche Pädagoge Bernhard Bosch in eigenen Untersuchungen zeigen können, dass Schriftanfänger weder einen Lautbegriff haben, der mit dem des Erwachsenen vergleichbar ist, noch in der Lage sind, einzelne Laute spontan aus dem Schallstrom auszugliedern: „*In den meisten Fällen gelingt es dem Kinde nicht, den Laut aus seiner Individuallage zu befreien und isoliert, als selbständiges, gestaltindifferentes Element zu sprechen, so wie der Erwachsene ihn sprechen würde.*" (Bosch 1937/2003: 33). Diese Fähigkeit, die geübten Lesern/Schreibern selbstverständlich erscheint, muss

vielmehr erst trainiert werden (Libermann u.a. 1974).

Trotz dieser und anderer Erkenntnisse hält die Schrifterwerbsforschung und -konzeptbildung in Deutschland starr an der linearen Abbildbarkeit von gesprochener und geschriebener Sprache fest. Alternative Konzepte, die nicht den Laut, sondern die Silbe als „*Grundeinheit der phonographischen Repräsentation*" (Maas 2000, S. 82) verstehen, werden noch zu wenig eingefordert. Einige wenige Arbeiten setzen allerdings bei der Silbe an, nicht beim Phonem. Röber (2009) etwa geht davon aus, dass die deutsche Orthographie im Bereich der Wortschreibung primär Silbenstrukturen kodiert. Ein Argument, welches dafür spricht, ist die positionsabhängige Korrespondenz zwischen Graphemen und Phonemen: So entspricht <*r*> nur dann dem konsonantischen /r/, wenn es im Silbenanlaut steht. Im Endrand dagegen ist es im Standarddeutschen vokalisch als [ɐ] zu realisieren, vgl. ‹rühren› – [ryː.rən], <*rührte*> – [ryːɐ.tə]. Wie oben bereits gesehen, weist das <*e*> ein weites Spektrum an unterschiedlichen Funktionen auf, was für den Leseunterricht zunächst einmal unübersichtlich und schwer vermittelbar erscheint;

mithilfe silbenstruktureller Beschreibungen lassen sich die unterschiedlichen Funktionen (1a-e; oben) jedoch ordnen:

- Vollvokale (gespanntes *[e]* und ungespanntes *[ɛ]*) gibt es nur in betonten bzw. betonbaren Silben, vgl. Esel *[ʔeː.zl̩]*, Ente *[ʔɛn.tə]*.
- In reduzierten Silben entspricht <e> entweder dem Schwavokal *[ə]*, einem Nullphonem, wenn es vor <m>, <n> oder <l> steht, oder *[ɐ]* wenn es in Verbindung mit <r> steht, vgl. Ente [ʔɛn.tə], Esel [ʔeː.zl], Eber [ʔeː.bɐ].

Wie solche Regularitäten gemeinsam mit den Kindern entwickelt und ihnen vermittelt werden können, stellt Winkler (2004) in einem Praxisbericht dar.

Bereits Stephani wies darauf hin, dass es beim Lesen darauf ankomme, Silbenstrukturen zu erfassen, da eine korrekte Rekodierung sonst nicht möglich sei. Leseexperimente mit Pseudowörtern belegen, dass kompetente Leser die Silbenstruktur i.d.R. richtig erfassen (vgl. Röber 2009). Schwache Leser leisten dies jedoch bis in die Sekundarstufe hinein nicht ausreichend, sondern gehen weitgehend segment-

orientiert vor; d.h. sie übersetzen jedes Zeichen auf der graphematischen Ebene mit einer lautlichen Einheit, und zwar in der Regel mit dem jeweiligen Default-Fall, wie in sogenannten Anlauttabellen. Charakteristisch für diese Lesweise ist z.B. die Rekodierung von Vokalbuchstaben als gespannte Vokale (vgl. die folgenden Beispiele aus Noack 2010):

(2) [ˈkiː.ˌfɛːɐn] ⟶ ⟨Kiefern⟩
[ˈpiːl.ˈtseː] ⟶ ⟨Pilze⟩
[ˈknoːs.pən] ⟶ ⟨Knospen⟩

Dieses Klammern an die einzelnen Buchstaben erinnert stark an die Leseversuche von Erstklässlern, nachdem der Unterricht ihnen entsprechende Strategien vermittelt hat. Eine solche Praxis, die offenkundig nachhaltige Probleme bei schwachen Lesern schafft, wurde in der Fachliteratur immer wieder angeprangert: *„Das Kind sieht die Buchstabenfolge GLÜHBIRNE, es lautiert sie [ge...lüü...biiirrr...neee] und versucht, diese Klangfolge als phonetische Folge zu verstehen, idealerweise [glyːbiᵃnə], ein phonetischer Ausdruck, der ersichtlich sehr weit entfernt ist von dem Lautierten"* (Günther 1998, S. 104 f.). Man kann sagen, dass das Lesenlernen bereits zu Beginn hohe

Anforderungen an die Kinder stellt, insofern nämlich, als sie sich das komplexe Verhältnis zwischen phonologischen Strukturen und ihrer graphematischen Abbildung in der Schrift zumeist eigenständig erarbeiten müssen. Erfahrungs- gemäß eignen sich gute Leser die graphematischen Regularitäten irgendwann selbsttätig an. Schwa- che Leser vollziehen diesen Lern- schritt jedoch nicht ausreichend, sondern rekodieren Wörter auch nach Jahren noch überwiegend segmentweise, wie die Beispiele unter (2) – die übrigens von einer Fünftklässlerin stammen! – zeigen.

4. Zusammenfassung und Ausblick

Die Ausführungen in diesem Bei- trag sollten verdeutlichen, dass Leseschwierigkeiten häufig ihren Ursprung in einer falschen Vorstel- lung über das Verhältnis zwischen gesprochener und geschriebener Sprache haben (vgl. Günther 1998, Röber 2009, Noack 2010), wobei es sich i.d.R. um ein didaktogenes Problem handelt. Die Buchstaben unseres Schriftsystems sind in einem Wort linear organisiert, die mit ihnen korrespondierenden Ein- heiten der gesprochenen Sprache

jedoch nicht, was zu Missverständ- nissen über die Organisation der schriftlichen Zeichen sowohl bei den Lehrkräften bzw. Verfassern von Unterrichtsmaterialien als auch bei den Schülern führen kann. Aber auch auf der schriftlichen Ebene ist Linearität nur scheinbar gegeben, tatsächlich ist die phonologische Entsprechung eines Graphems häufig abhängig von der Silben- struktur, wobei es, wie oben im Falle von $<r>$ und $<e>$ gesehen, teilweise auch auf den Silbentyp (betonbar vs. reduziert) ankommt. Konsequenterweise bezeichnet z.B. Maas nicht den Laut, sondern die Silbe als *„Grundeinheit der pho- nographischen Repräsentation"* (2000, S. 82).

Das auf das singuläre Graphem und seine Korrespondenz zu lautlichen Segmenten reduzierte Verständnis vom Wesen der Schrift, wie sie sich in der Schriftdidaktik, insbeson- dere in Fibeln und sogenannten Anlauttabellen spiegelt, wird daher dem deutschen Orthographiesys- tem nicht gerecht. Sehr viel plau- sibler können die Regularitäten der Wortschreibung den Kindern dagegen durch eine stärkere Be- rücksichtigung der Silbenstruktur vermittelt werden – und zwar von Beginn an.

Das Konzept „ABC der Tiere" verbindet seit einem Jahrzehnt in ansprechender Weise einen silbischen Schriftzugang mit einer kindgerechten Pädagogik. Sicherlich sind hiermit noch nicht sämtliche Probleme lösbar, insbesondere der Bereich der Dehnungs- und Schärfungsschreibung, der gerade schwachen Lesern und Rechtschreibern z.T. erhebliche Schwierigkeiten bereitet, bedarf noch einer genaueren phonologischen Differenzierung. Dass ein silbenbasierter Zugang in der lautzentrierten Fibellandschaft überhaupt möglich ist und sich überdies seit 10 Jahren auf dem Markt behaupten kann, weckt Hoffnungen.

Literatur

Bosch, Bernhard (1937): Grundlagen des Erstleseunterrichts. *(Wiederabgedruckt in: Giese, Heinz W. (Hg.) (2003): Lesen lernen. Diskussionsbeiträge aus 50 Jahren. Bernhard Bosch zum 100. Geburtstag. – Duisburg: Gilles & Francke.)*

Grümmer, Christiane/Welling, Alfons (2002): Die Silbe und ihre Bedeutung für das Schriftsprachlernen – ein *Bericht über angloamerikanische Forschungen. In: Tophinke, Doris / Röber-Siekmeyer, Christa (Hg.): Schärfungsschreibung im Fokus. Baltmannsweiler: Schneider Hohengehren, S. 15 – 54.*

Günther, Hartmut (1998): Phonographisches Lesen als Kernproblem der Dyslexie. *In: Weingarten, Rüdiger / Günther, Hartmut (Hg.): Schriftspracherwerb. Baltmannsweiler: Schneider Hohengehren, S. 98 – 115.*

Ickelsamer, Valentin (1527): Die rechte weis auffs kürtzist lesen zu lernen. *In: Fechner (Hg.): Vier seltene Schriften des 16. Jahrhunderts (Wiederabdruck Hildesheim: Olms 1972).*

Lange, Richard: Praktisches Handbuch für den Rechtschreibunterricht. *Leipzig: Dürr 1909.*

Liberman, Isabelle Y./Shankweiler, Donald/Fischer, F. William/Carter, Bonnie (1974). Explicit syllable and phoneme segmentation in the young child. *In: Journal of Experimental Child Psychology 18 (2), S. 201 – 212.*

Kohler, Klaus-Jürgen (1995): Einführung in die Phonetik des Deutschen. *Berlin: Erich Schmidt.*

Maas, Utz (2000): Orthographie. Materialien zu einem erklärenden Handbuch des Deutschen. *Osnabrück: Unv. Ms.*

Meumann, Ernst (1982): Psychologie des Lesens und der Rechtschreibung. *Hg. v. Eckart Scheerer. Bochum: Kamp.*

Noack, Christina (2008): Wenn der Hont auf dem Faarat Kuren holt: Junge Sprachexperten auf dem Weg zur Schrift. *In: Denkler, Markus u.a. (Hg.): Frischwärts und unkaputtbar. Sprachverfall oder Sprachwandel im Deutschen. Münster: Aschendorff 2008, S. 203 – 220.*

Noack, Christina (2010): Orthographie als Leserinstruktion: Die Leistung schriftsprachlicher Strukturen für den Dekodierprozess. *In: Bredel, Ursula/ Hinney, Gabriele/Müller, Astrid (Hg.), Schriftkompetenz und Schriftsystem: linguistisch, empirisch, didaktisch. Tübingen: Niemeyer, S. 151 – 170.*

Reyer, Wilhelm (1912): Grundlagen des ersten Lesens. *Leipzig: Wunderlich.*

Röber, Christa (2009): Die Leistungen der Kinder beim Lesen- und Schreibenlernen. *Grundlagen der Silbenanalytischen Methode. Baltmannsweiler: Schneider Hohengehren.*

Röber-Siekmeyer, Christa/Pfisterer, Katja (1998): Silbenorientiertes Arbeiten mit einem leseschwachen Zweitklässler. *In: Weingarten, Rüdiger/ Günther, Hartmut (Hg.): Schriftspracherwerb. Baltmannsweiler: Schneider Hohengehren, S. 36 – 61.*

Stephani, Heinrich (1803): Kurzer Unterricht in der gründlichsten und leichtesten Methode Kindern das Lesen zu lehren. *Erlangen: Palm*

Stephani, Heinrich (1814): Ausführliche Beschreibung meiner einfachen Lese-Methode. *Erlangen: Palm.*

Winkler, Karin (2004): Die Systematik einer silbenanalytischen Darstellung der Schrift im Anfangsunterricht – Ein Praxisbericht. *In: Bredel, Ursula/ Siebert-Ott, Gesa/ Thelen, Tobias (Hg.): Schriftspracherwerb und Orthographie. Baltmannsweiler, S. 22 – 30.*

Die Silbentrennung als Lesehilfe in deutschen Fibeln

Klaus Kuhn

Teil 1: Die Silbenfibel im kooperativen Bildungszentrum Seelbach

Nach dem Lehramtsstudium für Realschulen in Freiburg wurde ich im April 1973 Lehrer an der Realschule am Kooperativen Bildungszentrum Seelbach mit einer Grund-, Haupt- und Realschule.

Nach etwa zehnjähriger Unterrichtspraxis in den Fächern Musik, kath. Religion und Deutsch wuchs mein Interesse an der Förderung von Schülern mit schwachen Lese- und Schreibleistungen. Für die ansteigenden Fallzahlen von Legasthenie hatte ich keine plausible Erklärung. In meinen fünften Klassen machte ich die Erfahrung, dass schwache Leser ihre Lesefähigkeit nur mit einem unverhältnismäßig hohen Aufwand verbessern konnten. Wirklich gute Leser wurden sie jedoch nie. Durch meine Erfahrungen im Instrumentalunterricht und in Arbeitsgemeinschaften „Jonglieren und Rope Skipping" war mir die Bedeutung des methodisch richtigen Übungsaufbaus für das Erlernen einer automatisierten Fertigkeit bekannt. Also vermutete ich, dass – neben anderen Faktoren – methodische Schwächen im Anfangsunterricht für die ungenügenden Leistungen vieler Kinder verantwortlich seien.

Zusammen mit Rosmarie Handt, einer Kollegin an unserer Grundschule, begann ich Mitte der 80er-Jahre nach alternativen Methoden zu suchen. In Waldshut-Tiengen, einer Stadt im Südwesten Baden-Württembergs unmittelbar an der Schweizer Grenze, lernten wir Frau Buschmann kennen. Sie war Leiterin der Bildungsberatungsstelle Waldshut-Tiengen und erzielte in der Förderung lese- und schreibschwacher Schüler außergewöhnlich gute Ergebnisse. Frau Buschmann teilte meine Kritik an dem damaligen Legasthenie-Konzept und unterrichtete nach der Silbenmethode. Ihr Hauptaugenmerk war darauf gerichtet, den Kindern die Koordination von Silbensprechen und Silbenschreiben zu vermitteln. Ihr Kernsatz lautete: **Schwache Schreiber sind asynchron.**

Diese Aussage stand im Einklang mit meinen Beobachtungen in den Fächern Musik und Deutsch. Kinder mit schwacher Koordination von Sprache und Rhythmus im Fach Musik (Schwierigkeiten beim Takthalten, Unsicherheiten beim rhythmischen Klatschen, ungenaue Silbenverteilung beim Singen, Schwierigkeiten bei Abzählversen) zeigten häufig schwache Lese- und/ oder Schreibleistungen. Die große Bedeutung einer guten rhythmischen Differenzierungsfähigkeit für laut- und schriftsprachliche Leistungen von Kindern der ersten Klasse zeigten ebenso eindrucksvoll die Ergebnisse einer Untersuchung zum Zusammenhang von Rhythmus und Sprachkompetenz von Helmut Breuer und Maria Weuffen (Lernschwierigkeiten am Schulanfang 1993).

Die These der Lesedidaktik, dass Lesekompetenz immer das Verstehen des Textes mit einschließt, steht außer Frage und muss hier nicht diskutiert werden. Bei der Förderung leseschwacher Kinder war und ist es jedoch notwendig, den Blick auf Vorläuferleistungen und Fähigkeiten (Breuer/Weuffen, Pöppel, Singer, Spitzer) „unterhalb" der Verstehensebene zu richten. Komplexere Leistungen bauen immer auf primären, automatisierten Regelkreisen auf, z.B.: das Erkennen von Buchstaben, das Einhalten der Leserichtung, das simultane Verarbeiten von mehreren Buchstaben (Silben). Solche Vorläuferleistungen werden nicht wie abgebrannte Raketenstufen abgestoßen, wenn die „höhere" Leistung gekonnt wird, sie bilden weiterhin die Basis für das Erbringen der komplexeren Leistung.

Für Kinder mit LRS-Risiko stellen die Lese-Übungen mit ständig wechselnden Silbenketten, Schlangenwörtern und Sätzen mit Silbentrenner ein hervorragendes Grundlagen-Training dar. Von Kritikern wurden diese Lese-Übungen kurzerhand mit dem Etikett „Fibel-Dadaismus" versehen – ohne die positiven Auswirkungen auf die Entwicklung der Leseleistung dieser Kinder in der erfolgreichen Förderung zur Kenntnis zu nehmen.

In den Jahren 1985 bis 1995 bekam ich die Gelegenheit, Kinder mit schwachen Leistungen im Lesen und Schreiben aus Schulen der weiteren Umgebung im Einzelunterricht zu fördern. Ich erteilte meinen Schülern nicht länger Orthographieunterricht in der herkömmlichen Weise. Stattdessen begann ich mit sprechrhythmischen Übungen, unterstützt durch synchrones Ballwerfen, mit Seilspringen zur Verbesserung von Koordination und Taktgefühl, mit einfachen Jonglier-Übungen zur Klärung der Links-Rechts-Orientierung und der Händigkeit. Nach etwa vier Wochen waren die Kinder in der Lage, Wörter und Verse silbenweise zu artikulieren und durch synchrones Klatschen und Gehen zu begleiten. Danach konnten sie Wörter silbenweise mit zwei Farben schreiben.

Die Ergebnisse der intensiven, auf die Dauer von einigen Monaten begrenzten Fördermaßnahmen waren überzeugend; einige Fallbeispiele aus dieser Phase sind veröffentlicht (www.abc-der-tiere.de). Aus meiner Skepsis gegenüber den hohen Fallzahlen von diagnostizierter LRS erwuchs allmählich die Überzeugung, dass unter den richtigen Voraussetzungen jedes Kind lesen und schreiben lernen kann: Wenn Kinder mit LRS-Risiko von erfahrenen Lehrkräften nach der Silbenmethode unterrichtet und von ihren Eltern oder Lernpaten unterstützt werden, können sie sich ohne Auffälligkeiten entwickeln.
Glauben dagegen Lehrkräfte, Eltern und schließlich auch das Kind

an die „Krankheit" Legasthenie, erfüllt sich diese „Prophezeiung" quasi von selbst – die Kinder verharren auf dem schwachen Niveau.

Kinder mit LRS-Risiko zeigen bereits lange vor der Einschulung Defizite im Vergleich zu unauffälligen Schülern in den Bereichen Motorik, Koordination und Sprachkompetenz. Aus diesem Grund haben wir an unserer Schule ein Brückenjahr zwischen Kindergarten und Grundschule eingerichtet, um Defizite bei den Vorläuferleistungen aufzuarbeiten.

Im Anfangsunterricht Deutsch am kooperativen Bildungszentrum unterrichteten erfahrene Lehrkräfte nach der Silbenmethode. Den LRS-Erscheinungen wollten wir in Zukunft präventiv im Regelunterricht, nicht mehr kompensatorisch in gesondertem Förderunterricht begegnen. Zu diesem Vorhaben galt es nun, eine geeignete Fibel zu entwickeln. Zusammen mit Rosmarie Handt gründete ich 1992 den Seelbacher Kontaktkreis. Über die Dauer von vier Jahren fanden regelmäßige Treffen statt, um eine Silbenfibel und Arbeitsmaterial für den Einsatz im Regelunterricht zu erstellen. Alle Projektteilnehmer machten sich unsere Forderung zu eigen:

Wir wollen so unterrichten, dass kein Kind eine LRS-Symptomatik entwickelt. Dem Kieler Rechtschreibaufbau (Dummer-Smoch/ Hacketal) verdanken wir die Anregung, Gebärden zur Unterstützung der Laut-Buchstabenverknüpfung einzuführen.

Im Wintersemester 1998/99 besuchte ich eine Veranstaltung „Linguistisch fundierte Didaktik des Schriftspracherwerbs" bei Prof. Dr. Christa Röber an der PH Freiburg. Sie vertrat die analytische Silbenmethode und machte mich auf die Arbeiten von Utz Maas aufmerksam. Seine „Materialien zu einem erklärenden Handbuch zur Rechtschreibung des Deutschen, Osnabrück im April 2000" haben mir grundlegende Einsichten in die Struktur der deutschen Schriftsprache vermittelt. Zu meiner Überraschung fand ich einen Großteil unseres pragmatischen Silbenansatzes durch die Maas'schen Ausführungen bestätigt: Die geerbten deutschen Wörter sind zweisilbig und trochäisch, die orthographischen Markierungen sind Signale für den Leser, deutsche Wörter spontan in der richtigen Betonung und im richtigen Sprechrhythmus zu lesen.

Der obligatorische Silbentrenner in unserer Fibel vermittelt beim Lesen – zunächst unbewusst – die Leseregeln (trochäische Betonung und Silbenschnitt) in deutschen Wörtern: *Woge, Wolke, Wolle, (zum) Wohl.* Beim zweifarbig silbenweisen Schreiben werden diese Leseregeln zu Schreibregeln. In den Übungen mit den Kontrastpaaren *(Nase – Nüsse)* lernen unsere Schüler den Sprachrhythmus der Wörter kennen und für die Schreibung der Doppelkonsonanten zu nutzen.

Wir unterrichten Orthographie nicht mehr als Regelkanon, der in einzelne Themen aufgefächert und über mehrere Schuljahre verteilt wird. Das silbenweise Durchgliedern und der Sprechrhythmus der Wörter führen die Schüler ohne Merkregeln zu einer intuitiven Beherrschung der Orthographie. Die Überprüfung des „losen und festen Anschlusses" *(Maas)* des Konsonanten an den Vokal der betonten Silbe führt zur korrekten Schreibung aller Doppelkonsonanten einschließlich tz und ck, der Wörter mit ie, und der h-Schreibung. (Unsere Schüler stellen in ihrer eigenen Sprachregelung – auf das „Häuschen" (s. S. 21) bezogen – eine **einzige** Frage: Hat das Wort einen Stopper?

loser Anschluss der 2. Silbe deutlich spürbare Trennung	fester Anschluss der 2. Silbe keine spürbare Trennung
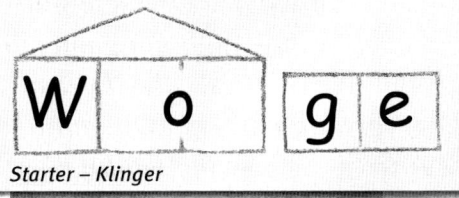 *Starter – Klinger*	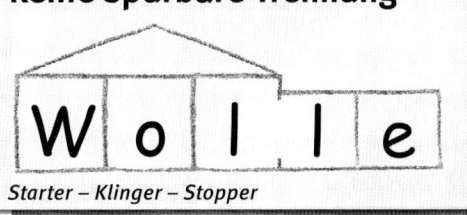 *Starter – Klinger – Stopper*

Christa Röber hat das Bild *„Haus mit Garage"* entwickelt. Wir setzen das Häuschenmodell in abgewandelter Architektur zur Veranschaulichung der Zweisilbigkeit und der Anschlussverhältnisse in deutschen Wörtern ein. Die betonte Silbe *„wohnt"* im Haus, die unbetonte *„parkt"* in der Garage. Die Binnenstruktur der betonten Silbe wird in den drei Zimmern des Hauses deutlich. Wir bezeichnen die Buchstaben entsprechend ihrer Position mit Starter – Klinger – Stopper (siehe oben). Die unbetonte Silbe in der Garage schreiben wir immer mit *„e"*. Diese *„Hausordnung"* führt von Anfang an zu korrekten Schreibungen, denn so lautet die 2. Strophe in unserem Rechtschreib-Rap:

> *Die erste Silbe ist immer betont,*
> *wobei der Vokal in der Mitte wohnt.*
> *In der zweiten Silbe, trau nicht deinen Ohren,*
> *schreib immer ein „e", sonst bist du verloren.*

Unser Häuschenmodell ist besonders geeignet, den unterschiedlichen Sprachrhythmus (Anschlussopposition/Maas) der Wörter darzustellen.
Die **abgetrennte** Garage veranschaulicht den losen Anschluss „Woge", die **angebaute** Garage den **festen** Anschluss „Wolle".

Die Schreibung der Wörter mit Dehnungs-h *(zum Wohl)* vermitteln wir nicht mit dem Häuschenmodell, obschon wir es ebenfalls mit dem losen Anschluss des Konsonanten an den Vokal begründen. Sollen **einsilbige** Wörter wie *Zahl, Lehm, Zahn, Rohr* lang (also mit losem Anschluss der Sonoranten *l m n r*) gesprochen werden, wird das dem Leser durch ein *„stummes h"* angezeigt.

Exkurs zur h-Schreibung:

Die **einsilbige** Form „Zahl" bedarf der h-Markierung und begründet die Schreibung (orthographische Stützform/ Maas) der ganzen Wortfamilie. Die zweisilbige Form „Za-len" hätte wie „Wo-gen" einen losen Anschluss und würde mit gespanntem Vokal richtig gelesen. Die redundante Form „Zahlen" erhöht jedoch die Lesbarkeit und Verständlichkeit des Begriffs im Deutschen. Wissenschaftliche Untersuchungen (Eisenberg) attestieren dieser h-Regel eine Trefferquote zwischen 50% und 60% der h-Wörter des Wahrig Korpus, was als nicht ausreichend für eine Regelformulierung angesehen wird. Wir ergänzen deshalb unsere h-Regel durch zwei Subregeln: „Gilt nicht für T-Wörter!" (Tal, Tor, Tür, Ton usw., siehe Orthographische Konferenz 1901) und „Gilt nicht bei Mehrfachstartern!" (grün, Kran, Spur, Schwan, Sparkasse usw., siehe 4-Buchstaben-Formel/ Adelung). Damit erzielen wir, auf den Wortschatz der Grundschule bezogen und darüber hinaus, eine ausreichend hohe Trefferquote.

Die Funktion der „orthographischen Stützform" kennen wir aus der Schreibung der Doppelkonsonanten, wenn auch mit umgekehrten Vorzeichen. Hier fordert die **zweisilbige** Form „wir rennen" als Lesehilfe den Doppelkonsonanten. Nach dem Gesetz der Morphemkonstanz schreiben wir auch die einsilbige Form „er rennt" mit zwei „nn", obwohl „er rent" genauso wie „der Wind" mit einem ungespannten Vokal bei festem Anschluss richtig gelesen würde. Ohne Kenntnis der Leseregeln und der konstanten Stammschreibung neigen die Schüler zu Übergeneralisierungen: Sie schreiben „die Dohsen" (die Dosen) wie „die Zahlen", „er fält" (er fällt) wie „das Feld".

Im Jahr 2000 kam es zur Veröffentlichung der Erstausgabe der Silbenfibel „ABC der Tiere – Lesen in Silben" im Mildenberger Verlag in Offenburg. Viele Lehrer berichten seither über ihre erfolgreiche Arbeit mit der Fibel im Regelunterricht. Viele Eltern unterrichten ihre Kinder begleitend zum Klassenunterricht oder nach Misserfolgen im Anfangsunterricht erfolgreich mit der Silbenfibel.

Ebenfalls im Jahr 2000 nahm unsere Schule an der PISA-Studie teil und erreichte einen hohen Wert im Kompetenzbereich Deutsch.

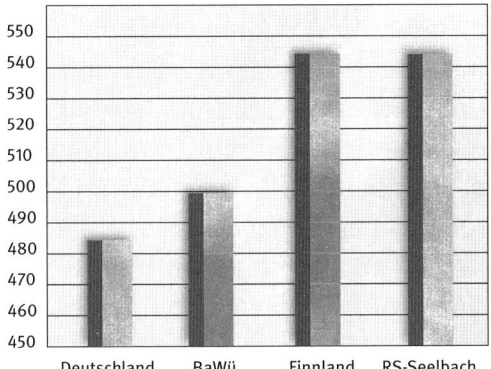

Die methodische Überlegenheit des Lese- und Schreiblehrgangs mit Silbentrennung besteht darin, dass Leseanfänger unbekannte Wörter sofort in der richtigen Silbenunterteilung lesen und dadurch den Sinn schneller erfassen. Wörter ohne Silbentrenner müssen erst leise „durchprobiert" werden, um durch „trail and error" die richtige Lösung zu finden.

Beim zweifarbigen Schreiben werden die Leseregeln intuitiv zu Schreibregeln. Deshalb lautet unser Unterrichtsprinzip: **Vom Lesen zum Schreiben**.

Dagegen werden beim Schreiben mit einer Anlauttabelle Wörter in eine Lautkette zerlegt. Jedem Laut wird mittels einer Anlauttabelle ein Buchstabe zugeordnet: eine Lautkette soll in eine Zeichenfolge übertragen werden. Das erweckt bei den Kindern fälschlicherweise den Eindruck, unsere Schrift entspräche der Lautung im Verhältnis 1:1. Rechtschreibung ist auf diesem Weg natürlich nicht zu erzielen, also lautet ein Motto: *„fela mus Mann mache düfan"*.

In einem zweiten Anlauf sollen die Schüler in den Klassen 3 und 4 die Rechtschreibung des Wortschatzes erlernen. Wie wir feststellen müssen, erreichen viele Kinder auf diesem Weg des nachträglichen Umlernens keine ausreichenden Leistungen. Zusätzlicher Förderunterricht und private Nachhilfeinstitute sollen dann die Lücken schließen.

Im Unterricht nach der Silbenmethode werden die orthographischen Schreibungen als Hilfe bei der silbischen Durchgliederung der Wörter, als Leseregeln, wahrgenommen und beim zweifarbigen Silbenschreiben als Schreibregeln umgesetzt. Das Motto lautet: „Ich will, dass andere gut lesen können, was ich schreibe."

Die Schüler lernen Schreiben durch die Begegnung mit der Schrift beim Lesen. Sie stützen sich auf die Silbengliederung, den unterschiedlichen Sprachrhythmus *(Nase – Nüsse)* und die Stammschreibung.

Bei der zunehmenden Zahl von Schülern aus spracharmen Elternhäusern und von Schülern mit Deutsch als zweiter Sprache wird sich die Problematik im Anfangsunterricht Deutsch weiter verschärfen. Schrift als Kulturgut bedarf jedoch der sorgfältigen Pflege in der Schule.
Zur demokratischen Teilhabe an Entscheidungsprozessen und zum Erbringen solidarischer Leistungen sind nur Bürger in der Lage, die ausreichend schrift- und sprachkundig sind. Das Medium Schrift ermöglicht die Kommunikation zwischen den Mitgliedern unserer Gesellschaft über Räume und Zeiten hinweg. Die Notwendigkeit zur Verständigung innerhalb unseres Gemeinwesens erfordert eine allgemeine Verständlichkeit der Schrift. Deshalb steht die Schriftsprache den Versuchen des individuellen Experimentierens nicht zur Verfügung (Hannah Arendt: Zwischen Vergangenheit und Zukunft).

In vielen Gesprächen mit Lehrkräften aus Deutschland und Österreich habe ich in den vergangenen Jahren Bestätigung und konstruktive Kritik erhalten. Der Wunsch nach Differenzierung des Lesestoffs im ersten Teil der Fibel wurde häufig an mich herangetragen. Außerdem sollten Identifikationsfiguren die Motivation beim Lesen unterstützen. Beiden Anliegen sind wir bei der Überarbeitung nachgekommen. In den ersten zwölf Unterrichtswochen stellt das Modul *Silbenschule* die Mindestleistung einer erfolgreichen Leseentwicklung dar. Von Seite 8 an nehmen Wort-Bild-Sätze Bezug auf die Illustration und entwickeln das verstehende Lesen. Die in die Illustrationen eingefügten Texte können von fortgeschrittenen Kindern gelesen werden. Zusätzlichen Lesestoff bieten die *„Tiergeschichten mit Mia und Mio"* und der *„Lesezirkus"*, weitere Module des Lehrgangs.
Das Arbeitsheft A/B zur Fibel und der Schreiblehrgang beziehen sich inhaltlich auf die Fibeltexte und stellen einen konsequent nach der Silbenmethode eingerichteten Kurs für das erste Schuljahr dar. In der Erprobungsphase haben unsere Schüler motiviert und selbstständig damit gearbeitet.

Teil 2: Zur Geschichte der Lesedidaktik – 500 Jahre Silbentrennung

Ungeachtet der Einflüsse des jeweiligen Zeitgeistes und der Positionen im Methodenstreit stelle ich nachfolgend eine Auswahl von Fibeln mit obligatorischem Silbentrenner vor. Die Beispiele stammen aus dem Katalog der Ausstellung der Württembergischen Landesbibliothek in der Zusammenarbeit mit der Sammlung Pöggeler und meiner eigenen kleinen Sammlung. Die Bedeutung und Tradition dieser methodischen Hilfe für Leseanfänger im deutschen Sprachraum soll damit in Erinnerung gerufen werden.

Wie bereits erwähnt, bin ich Mitte der 80er-Jahre durch Heide Buschmann auf den Silbentrenner als Lesehilfe gestoßen. Ich nahm meine eigene Fibel aus dem Bücherregal und fand hier ebenfalls die Silbentrennung vor. Ich wurde in den 50er-Jahren in die Grundschule meiner kleinen Heimatgemeinde eingeschult. Ob und wie ich den Silbentrenner genutzt habe, ist mir nicht mehr in Erinnerung. Die Klassen 1 – 4 wurden gemeinsam in einem Raum in Abteilungen unterrichtet. Die Disziplin war hoch, der Lehrer betreute abwechselnd die einzelnen Schuljahre, die in vier Bankreihen frontal zur Tafel platziert waren. Jahrgangsübergreifender Unterricht

Es hat geschneit!
Heute morgen hat mich die Mutter schon früh geweckt und hat gesagt: „Steh auf, es hat geschneit!"
Ich bin gleich im Hemd ans Fenster gesprungen; da war draußen alles ganz weiß. Die Dächer, Berge und Wiesen waren wie mit einem weißen Tuche bedeckt, und die Gartenpfosten hatten lauter weiße Käppchen auf. Das war lustig!
Ich habe das Fenster aufgemacht. Da sind mir einige Flocken auf die Hand geflogen, lauter kleine, wunderschöne Sternlein. Sie sind gleich wieder vergangen. Ich freue mich auf das Schlittenfahren. Wir wollen auch einen Schneemann bauen.

Wir lernen lesen. (Hirtler, Franz / Kiefer, Gottlieb / Ries, Alois) Eine Fibel für Stadt und Land mit vielen Bildern von Wolfgang Felten. Verlag Herder, Freiburg 1949

konnte jederzeit spontan stattfinden: Waren die i-Schreibübungen eines Erstklässlers schneller erledigt, konnte er am Heimatkundeunterricht der Zweitklässler teilnehmen, Schüler der 3. Klasse lösten Rechenaufgaben mit der 4. Klasse usw. Der Lernerfolg an der Schule war überdurchschnittlich hoch, wie alle weiterführenden Schulen bestätigten.

In meiner Nachbargemeinde hatte eine junge Lehrerin eine neue Fibel, ebenfalls aus dem Herder Verlag Freiburg, eingeführt. Von außen betrachtet glich diese Fibel meiner eigenen, jedoch unterschied sie sich fundamental im Inhalt: Die Seiten 1 bis 47 folgten der Ganz-

heitsmethode. Mein drei Jahre jüngerer Schwager, der mit dieser neuen Fibel lesen lernen sollte, berichtete viele Jahre später, dass er zusammen mit einigen Jungen und Mädchen in der 2. Klasse sein schulisches „Waterloo" hinnehmen musste: Die Hälfte der Klasse konnte nicht lesen – große Aufregung unter den Eltern. In vielen zusätzlichen Übungsstunden in der Schule und zu Hause wurde im zweiten Anlauf lesen gelernt.

Seit den 20er-Jahren propagierten Hochschullehrer *(Georg Kerschensteiner, Artur Kern)* die These, dass ganzheitlich dargebotener Unterrichtsstoff per se zu besseren Ergebnissen führe. Das blinde Ver-

Wer liest mit? (Artur Kern) Ein Bilderbuch zum Lesenlernen mit vielen Bildern von Wolfgang Felten. Verlag Herder, Freiburg 1951

trauen in die Ganzheitsmethode und die mangelnde Erfahrung der jungen Lehrerin bei der Analyse hatten wohl zu diesem Ergebnis geführt. Heute ist allgemein bekannt, dass die Problematik des Leseunterrichts mit den Ganzheitsfibeln den ganzen deutschsprachigen Raum betraf. Etwa zehn Jahre lang hat dieses „größte pädagogische Experiment" gedauert, Legasthenie wurde zu einem wichtigen Thema. Mir ist bei meinem Studium jedenfalls aufgefallen, dass die Fachliteratur zur Legasthenie ab 1965 in den Regalen der Pädagogischen Hochschule großen Raum einnahm. Wirksame unterrichtspraktische Hilfen für betroffene Kinder wurden im Rahmen von Lehrveranstaltungen nicht geboten.

Im Rahmen meiner Lektüre von Utz Maas stieß ich auf Valentin Ickelsamer. Er hatte in Wittenberg bei Luther studiert und verfasste im Jahr 1527 die erste deutsche Fibel mit Silbentrenner sowie die erste deutsche Grammatik. Ganz vom reformatorischen Eifer durchdrungen, wandte er sich radikal gegen die damalige Buchstabiermethode und gründete mehrere Leseschulen. Jedes Kind sollte die 10 Gebote und einen in Dialogform verfassten Katechismus lesen können. Er entwickelte die Lautiermethode und unterteilte die Wörter in Silben.

Das Alphabet teilte er in die *„Lautte"* (*a e i o u*) und die *„Stumben"* (*b c d f g h k l m n p q r s t w r z*) ein. Als Hilfe unterrichtete er die Konsonanten mit den Vokalen zusammen *(ba be bi bo bu)*. Auch Anlauthäufungen übte er systematisch ein *(Bla Ble Bli Blo Blu* wie *Blut, Bra Bre Bri Bro Bru* wie *Brot* usw.).

Er achtete auf die phonetischen Eigenschaften der von den Buchstaben bezeichneten Sprachlaute. Das Zusammenziehen der Laute unterstützte er durch systematische Übungen des Silbeninventars mit entsprechenden Beispielwörtern. Während der Leselernprozess mit der Buchstabiermethode *(Vau a te e er = Vater)* oftmals drei Jahre benötigte, lernten seine Schüler in einigen Wochen *„aufs kürtzist"* lesen. Die innovative Methode wurde jedoch von den Zeitgenossen nicht aufgenommen und geriet wieder in Vergessenheit.

Die rechte weis aufs kürtzist lesen zu lernen/wie das
zum ersten erfunden/und aus der rede vermerckt
worde ist/sampt einem gesprech zweyer kinder/aus
dem wort Gottes. Valentin Ickelsamer 1527
Valentin Ickelsamer. Die rechte weis aufs kürtzist lesen
zu lernen/Ain Teütsche Grammatica. Hrsg. von Karl
Pohl. Klett-Cotta, Stuttgart 1971

14 ———

ei nem och sen legt man ein joch auf, aber
bei nem pfer de. — wem?
ei nen fau len und trä gen kna ben liebt
nie mand. — wen liebt nie mand?
ei ne war me stu be hat man im win ter
gern. — was?
ein kal tes ei sen kann man durch feu er
heiß ma chen. — was?
von ei nem bö sen kna ben hofft man nicht
viel gu tes. — von wem hofft man nicht
viel gu tes?
von ei ner wes pe ist er ge sto chen worden. — wo von?
von ei nem schaa fe be kommt man wol le.
— wo von?

———

be te te, we ni ge, lin de re, mil de re, wet-
te te, an la ge, ab re de, ab nag te, be am te,
e wi ge, o fen loch, u fer aas, bro sa me, wi-
dri ge, be nuß te, won ne voll, eil fer tig,
ho nig seim, pei nig te.

fo rel le, in wen dig, va ter land, lan des-
herr, man del baum, hin der niß, un ver zagt,
sei den wurm, din ten faß, ro sen zweig, holz-
hau er, ab tro pfen, blut i gel, ent wen den,
er laub niß, zer tren nen, em pfind sam, sal-
pe ter, er bit tern, ver mit teln, ver e deln,
weg wer fen, lob red ner, bei leg ten, brunn-
kct ten, ver hetz ten, brenn nes sel, an fes seln,
un ver derbt, hold se lig, le der ne, ver hetz-
len, kalbs le der, re ben saft, a bend luft,
zer rie ben.

———

ABC- und Syllabier-Buch: nebst einer Auswahl von Lese-
übungen für den ersten Unterricht. – Straßburg: Lorenz
und Schuler, 1808

Der Lesekurs nach der Syllabierme-
thode hatte 16 Seiten und war auf
stärkeres Papier aufgedruckt.

So mussten die Eltern nicht gleich
das ganze Buch anschaffen.

12

ich lo = be, hei = ne.

ich wei ne,	mei ne,	zäu ne,	ſchei ne.
ich lei me,	kei me,	rei me,	zäu me.
ich fei re,	feu re,	lau re,	ſcheu re.
ich ei le,	wei le,	hei le,	quä le.
ich le be,	lo be,	la be,	ha be.
ich be te,	hü te,	lei te,	rei te.
ich ba cke,	pa cke,	rü cke,	ſte cke.
ich la de,	lei de,	ba de,	wei de.

---

ich fra = ge, ſa = ge.

ich ſage,	za ge,	wa ge,	beu ge.
ich rei ze,	gei ze,	hei ze,	bei ze.
ich ſi tze,	ri tze,	nü tze,	ſtü tze.
ich rei ſe,	wei ſe,	le ſe,	hau ſe.
ich ru fe,	rei fe,	rau fe,	lau fe.
ich ſe he,	ſte he,	nä he,	mä he.
ich ma che,	la che,	wa che,	wei che.
ich na ſche,	ha ſche,	wa ſche,	wi ſche.
ich ni ſte,	fa ſte,	mä ſte,	lei ſte.
ich hei ße,	wei ße,	rei ße,	bei ße.

Der Schreib- und Leseschüler in der unteren Klasse der Elementarschule: methodisch geordnet und hrsg. von Gustav Melcher, 1860

Das methodische Konzept dieser Fibel wird im Titel genannt. Die simple Zusammenstellung von Syllabiertafeln, ein- und zweisil- biger Wortlisten drückten dem Silbentrenner den Stempel des stupiden Paukunterrichts auf.

*Fibel auf Grundlage der Schreiblese- und Normalwörterme-
thode von A. Wichmann und A. Lampe. Erschien zuerst 1887.*

Die Normalwörter der Fibel lauteten „Igel, Uhr, Esel, Ofen, Aar, Maus" usw. Diese Auswahl war traditionell vorgegeben und fand sich auch in anderen Fibeln.

— 68 —

11. In der Schu le.

Ich ge he täg lich in die Schu le. Dar um bin ich ein Schü ler. In der Schu le sind auch an de re Kin der. Das sind mei ne Mit schü ler. — In der Schu le ist es

schön. Da dür fen wir le sen, rech nen, schrei ben, sin gen und be ten. Oft wer den uns auch schö ne Bil der ge= zeigt. Die se freu en mich am mei sten. Ich möch te viel ler nen. Dar um bin ich flei ßig und mer ke recht auf.

———

12. Mein Büch lein.

Ich ha be ein Büch lein. Dar in le se ich je den Tag. Ich wer de es schon bald aus ge le sen ha ben. Oft schrei ben wir et was da von ab. Man ches ler nen wir

Deutsche Fibel: unter Berücksichtigung der jetzigen Kreislehrpläne für d. bayerischen Volksschulen/bearb. von Christoph Hering. Mit Bildern von Paul Hey. (35. unveränd. Aufl.). – München: Oldenbourg (1910)

Die „Deutsche Fibel" wurde noch in den zwanziger Jahren im Unterricht verwendet. Die methodische Verknüpfung von Schreiben- und Lesenlernen wurde bis in die 50er-Jahre grundsätzlich beibehalten.

Bei uns zu Haus: e. Fibel für kleine Stadtleute / von Fritz Gansberg. Mit Bildern von Arpad Schmidhammer. – 11. Aufl. – Leipzig: Voigtländer (1930). Erschien zuerst 1905 in deutscher Schrift.

Der Autor gehörte zum Kreis des Leipziger Lehrervereins, der sich um die Reform der Fibel verdient gemacht hat. Die kindliche Sprache wurde zur Grundlage von Fibeltexten gemacht. Waren die Fibeln des 19. Jahrhunderts zu „schwierig", so liefen die Fibeln des zwanzigsten Jahrhunderts Gefahr, zu „einfach" zu werden.

MEINE WARE   NEUE WARE

ROSEN REIFEN REIS

EIER EIMER EIS

FEINE SEIFE   EINE FEILE

REIFER WEIN   NEUE SEILE

SO EIN LÖWE   EINE MAUS

7

Caspari-Fibel: e. Lesebuch mit vielen bunten Bildern; für d. erste Schulzeit/hrsg. von Gertrud Caspari. Unter Mitwirkung von Kurt Weckel. – Stuttgart: Verl. für Volkskunst Rich. Keutel, 1912.

Die Autorin war eine erfolgreiche Kinderbuchautorin. Aus dem Schulbuch wurde ein Kinderbuch mit kleinen Geschichten.

Kinderheimat: e. Lesebüchlein für kleine Leute/hrsg. v. d. Katholischen Lehrerverband des deutschen Reiches u. d. Verein katholischer Deutscher Lehrerinnen. Mit vielen Bildern von Richard Seewald. Dortmund: Crüwell (1925)

Diese Fibel bietet auf Seite 9 einen einfachen Text aus den aktiven Buchstaben und auf Seite 8 eine komplexere Geschichte als Vorlesetext.

Ist das ein Ge drän ge. An na und Gre te ste hen und ju beln. Sie he ben den Arm. SA mar schiert im glei chen Schritt. Das klappt und dröhnt.

Der Sturm füh rer hat 3 Ster ne. Die glän zen in der Son ne.

Am lieb sten gin gen die Jun gen gleich mit. A ber sie sind noch zu klein. So müs sen sie war ten.

Schön ist es, wenn die brau nen Sol da ten mar schie ren.

Niedersächsische Fibel / (Bildschmuck von Ernst Kutzer).
– Hannover: Meyer, 1935

Die Aufmachung der Fibel war einer strammen nationalsozialistischen Gesinnung verpflichtet. Die Themen: Heimat, Volk, Vaterland, DJ, SA, Arbeitsdienst, Volksbräuche usw., eben die ganze Palette des nationalsozialistischen Ideenguts. Im Vorwort bekennen sich die Autoren zur Erziehung und Schaffung des „neuen deutschen Menschen" – die dunkle Phase der deutschen Fibelgeschichte.

z Z z Z
Ziege Zeisig Zange
Zahn Zaun Ziegel Zelt
Zimmer Zwiebel Zwetschge
zwei zehn zwölf zwanzig
2 10 12 20
zweiundzwanzig

Ei ne Zie ge woll te über ei nen Steg hin über.
Zu glei cher Zeit woll te ei ne an de re Zie ge her-
über. Mit ten auf dem Steg ka men sie zu sam men.
Trot zig sprach die er ste: „Wei che mir aus, ich war
zu erst auf dem Ste ge!" Wie geht es wei ter?

Kinderfibel/(hrsg. durch die Direction de l' Education Publique G. M. Z. F. O.).
– Offenburg; Mainz: Lehrmittelverlag, (1946) Fibelseite 34.

„Vorwort

Die vorliegende Fibel für das ers-
te Schuljahr der Volksschulen im
französischen Besatzungsgebiet
Deutschlands wurde herausgege-
ben durch die Direction de l' Edu-
cation Publique G. M. Z. F. O. Die
Beiträge sind mit Genehmigung
des Regierungsrates des Kantons
Basel-Stadt der Fibel für die erste

Klasse Primarschule der Stadt
Basel, die im Lehrmittelverlag des
Erziehungsdepartementes in Basel
erschienen ist, entnommen. Diese
Fibel dient als Hilfsmittel, bis die
endgültigen, von deutschen Lehr-
kräften bearbeiteten Schulbücher
zur Ausgabe gelangen."

Wer liest mit? (Artur Kern) Ein Bilderbuch zum Lesenlernen mit vielen Bildern von Wolfgang Felten. Verlag Herder, Freiburg 1951

Kerns Fibel ist konsequent nach der Ganzheitsmethode aufgebaut. Mnemotechnisch sollen die kurzen Sätze über die Eigennamen der abgebildeten Personen eingeprägt werden. Athur Kern beeindruckte seine Besucher mit den Leseleistungen seiner Schüler. Viele Nachahmer vertrauten auf die Wirkung der „Ganzheit" des dargebotenen Lesestoffs und vernachlässigten wohl die notwendige Analyse der Wörter. Viele Kinder lernten verzögert oder nur ungenügend lesen. In USA wurde nach ähnlichen Misserfolgen die Ganzheitsmethode nach zehnjähriger Laufzeit durch ein Gesetz beendet. In Deutschland und Österreich nahm die Legasthenieforschung einen bemerkenswerten Aufschwung, jedoch ohne zu einem Ergebnis zu gelangen.

Nach der Phase der Ganzheitsfibeln wurde keine weitere Fibel mit obligatorischem Silbentrenner mehr verlegt. Der Bereitschaft des Mildenberger Verlags ist es zu verdanken, dass die von uns erstellte Silbenfibel unter dem Titel „ABC der Tiere – Lesen in Silben" im Jahr 2000 erschien und 2010 in einer überarbeiteten Ausgabe vorgelegt werden kann. Wir können feststellen, dass im Verlauf der beiden letzten Jahre mehrere Verlage Übungen zur Silbengliederung in ihre Fibeln aufgenommen haben – ein erster Schritt in die richtige Richtung.

Wie lauten unsere Argumente für eine durchgängige Ausstattung der Lesetexte mit dem traditionellen Silbentrenner?

- Die positive, über Jahrhunderte gewonnene Erfahrung so vieler Leselehrer mit dem Silbentrenner sollte keine Lehrkraft ungeprüft zur Seite schieben.

- In den ersten zwölf Wochen lernen die Schüler in der **Silbenschule** ganzheitlich (nicht synthetisierend) das **automatisierte** Lesen und Schreiben von Konsonant-Vokal- und Konsonant-Vokal-Konsonant-Kombinationen. Wir umgehen die Synthese einzelner Laute, um LRS-Risiko-Kinder nicht zu gefährden.

- Die außergewöhnlichen Erfolge in der Förderung legen nahe, LRS-Risiko-Kinder mit der Silbenmethode und dem Silbentrenner zu unterrichten. Wer Kinder mit Leseschwierigkeiten genau beobachtet, stellt fest, dass ein noch unbekanntes Wort leise lautiert wird, bis ein sinnvolles Wort in seiner Bedeutung erkannt ist. Der Silbentrenner verkürzt dieses „Ausprobieren", weil der erste Versuch schon nahe am „Sollwert" des zu lesenden Wortes liegt. Ein durch Silbentrennung gegliedertes Wort wird schneller erkannt und verstehend gelesen.

- Kinder mit Deutsch als zweiter Sprache lernen die typisch deutsche Wortbetonung und Silbentrennung kennen und nutzen sie beim Schreiben.

- Kinder im oberen Leistungsbereich lernen ohne erkennbare Schwierigkeiten lesen und schreiben. Sie benötigen keine besondere methodische Hilfestellung. Dennoch können gerade sie durch die frühe Einsicht in die systematische Ordnung der deutschen Schrift selbstbestimmt und souverän ihren weiteren Lernweg beschreiten. Es war und ist für mich als Lehrer immer ein beglückendes Erlebnis, mit Kindern der zweiten Klasse Fragen der Orthographie auf diesem Niveau zu besprechen.

Literatur

Arendt, Hannah (1994): Zwischen Vergangenheit und Zukunft. *München: Piper*

Breuer, Helmut/Weuffen, Maria (1993): Lernschwierigkeiten am Schulanfang. *Weinheim und Basel: Beltz*

Eisenberg, Peter (2006): Das Wort. Grundriss der deutschen Grammatik. *Stuttgart/Weimar: J.B. Metzler*

Enders, Angela (2007): Der Verlust von Schriftlichkeit. *Berlin: LIT*

Kern, Artur (1952): Wer liest mit? Ein Bilderbuch zum Lesenlernen. *Freiburg: Herder*

Maas, Utz (2000): Orthographie. Materialien zu einem erklärenden Handbuch zur Rechtschreibung des Deutschen. *Osnabrück: Buchhandlung zur Heide*

Maas, Utz (2006): Phonologie. Einführung in die funktionale Phonetik des Deutschen. *Göttingen: Vandenhoeck & Ruprecht*

May, Markus/Schweitzer, Robert (1984): Wie die Kinder lesen lernten – Die Geschichte der Fibel. *Stuttgart: Württembergische Landesbibliothek*

Pöppel, Ernst/Edinghaus, Anna-Lydia (1994): Geheimnisvoller Kosmos Gehirn. *München: C. Bertelsmann*

Röber-Siekmeyer, Christa (1997): Die Schriftsprache entdecken. *Weinheim und Basel: Beltz*

Singer, Kurt (2009): Die Schulkatastrophe. *Beltz*

Spiekermann, Helmut (2000): Silbenschnitt in deutschen Dialekten. *Tübingen: Max Niemeyer Verlag*

Spitzer, Manfred: Erfolgreich lernen in Kindergarten und Grundschule. *DVD*

Spitzer, Manfred (2002): Lernen. Gehirnforschung und die Schule des Lebens. *Spektrum*

Silbenbasierte Lesespiele

Prof. Dr. Ursula Bredel, Tanja von der Becke, Inka von Cramm, Marina Krüßmann, Sabine Zepnik Universität zu Köln

1. Einleitung

Dem Lesen kommt in unserer Kultur eine enorme Bedeutung zu. Es erschließt ganze Lebens- und Kulturbereiche und gilt im schulischen Kontext als eine Schlüsselkompetenz, die den Schülerinnen und Schülern den Zugang auch zu den Inhalten der Unterrichtsfächer erlaubt und lebenslanges Lernen in der Wissensgesellschaft ermöglicht.

Der Erwerb der Schriftsprache stellt jedoch sehr hohe Anforderungen an die Lernenden, bei denen nicht wenige nachhaltige Probleme entwickeln. Der Schritt vom Lautieren einzelner Buchstaben bis hin zur Normalaussprache eines Wortes ist oft beschwerlich, erfolgt häufig intuitiv und ist nicht immer erfolgreich. Darüber hinaus entstehen – wenn die Lernenden bereits auf der Wortebene Unsicherheiten zeigen – weitere Schwierigkeiten beim Erfassen von größeren Einheiten wie Sätzen oder Texten.

Vor diesem Hintergrund erscheint es umso wichtiger, den Kindern einen erfolgreichen Start in den Schriftspracherwerb, der den Grundstein für die künftige Lesekompetenz legt, zu ermöglichen. Doch wie kann man den Leseanfängern den Start in die Buchstabenwelt – die eigentlich eine Silbenwelt ist, wie Kapitel 2 zeigt – erleichtern? Diese Frage stellte sich eine Arbeitsgruppe an der Universität zu Köln und entwickelte Leselernspiele auf Basis eines theoretisch abgesicherten, einfachen und anschaulichen Silbenmodells. Den Kindern wird damit die Möglichkeit geboten, spielerisch Einsichten in die Struktur der geschriebenen Sprache zu gewinnen und im Umgang mit den Spielmaterialien zu erproben.

In verschiedenen Kölner Grundschulen wurden die Spiele bereits eingesetzt und stießen sowohl bei den Kindern als auch im Kollegium auf Begeisterung. Insbesondere schwächere Leserinnen und Leser konnten mithilfe der Spiele zum Lesen ermutigt werden;

nach mehrmaligem, gezieltem Umgang mit den Materialien zeigten sich in ihrer Lesefähigkeit Fortschritte.

2. Lesen lernen mit System

Normalerweise wird Lesen als zweischrittiger Prozess erfasst: In einem ersten Schritt, so wird angenommen, werden Buchstaben mit Lautwerten verknüpft, in einem zweiten dann werden die gewonnenen Lautwerte synthetisiert. Auf der Grundlage dieser Annahme werden auch die Lernenden ermutigt, zunächst jedem Einzelbuchstaben einen Lautwert zuzuordnen und darauf aufbauend alle gewonnenen Lautwerte nacheinander zu artikulieren. Man spricht auch von Lautsynthese. Mit dieser Methode werden sogenannte Wortvorformen erzeugt, bei denen alle Buchstaben in je gleichwertige Lautrepräsentationen umgewandelt werden. Erstversuche, das Wort „gehen" zu lesen, klingen dann wie G-E-H-E-N. Dagegen ist in der Normalaussprache von „gehen" die erste Silbe betont, die zweite unbetont; das erste „e" ist ein langer Vollvokal; das zweite ein kurzer Reduktionsvokal, der Buchstabe „h" entspricht nicht einem Laut, sondern dient als

Blickfang, der eine Silbe initiiert. Der wichtige Lernschritt, von der lautierenden zur Normalaussprache wird in herkömmlichen Lehr-/Lernkonzepten nicht systematisch unterstützt. Die meisten Lehrerinnen und Lehrer vertrauen darauf, dass er von den Schülerinnen und Schülern automatisch vollzogen wird. Wir können jedoch zwei Beobachtungen machen:

- Vielen Lernenden gelingt es nicht oder erst sehr spät, den Lernschritt von der lautierenden zur Normalaussprache (vollständig) zu vollziehen. Sie werden zu schwachen Lesern. Denn fehlende Sicherheit beim Wortlesen zieht fehlende Sicherheit beim Satz- und beim Textlesen nach sich.
- Viele Lernende, denen der Übergang von der lautierenden zur Normalaussprache gelingt, fallen beim Lesen schwieriger Wörter häufig in die alte, lautierende Strategie zurück. Sie haben die Wörter, denen sie eine Normalaussprache zuordnen, also als Ganzheiten gespeichert, sind aber nicht in der Lage, das in der Orthographie enthaltene Wissen über sprachliche Strukturen für die Erschließung neuer Wörter zu nutzen.

Kompetente Leser machen sich demgegenüber die Orthographie beim Lesen systematisch zunutze. Sie lesen nicht buchstabenweise, sondern silbenweise, denn erst in der Silbe erhalten die Buchstaben ihren korrekten Lautwert.
Wie ist das zu verstehen?
Das Basismuster des Deutschen ist der Trochäus, ein zweisilbiger Fuß mit einer betonten Silbe (Hauptsilbe) und einer unbetonten Silbe (Reduktionssilbe); alle nativen Wörter, die zweisilbig sein können (und das sind fast alle), folgen diesem Muster *(lieben, Blume, Mantel, Teller, Tube, Kohle, leben, Atem, alles, Regen ...)*. Die Orthographie buchstabiert genau dieses Muster aus. So kommt es, dass die Buchstabenfolge ‹le› in *Kohle* anders klingt als in *leben*, die Folge ‹Fe› in *Felder* anders als in *Feder*. Eine gute Möglichkeit, die Verhältnisse optisch darzustellen, ist das Bild vom Haus (Hauptsilbe) und der Garage (Reduktionssilbe), das Röber-Siekmeyer entwickelt hat und hier in einer etwas davon abweichenden Architektur genutzt wird (vgl. umfassend Röber 2009; zur modifizierten Version Bredel 2009):

Weil jede Silbe aus drei Bausteinen besteht, haben Haus und Garage jeweils drei Zimmer/Abteilungen. Der Unterschied zwischen Wörtern wie „Feder" und „Felder" besteht in der Füllung der letzten Abteilung der Hauptsilbe: Ein nicht belegtes drittes Zimmer signalisiert dem Leser das Vorliegen eines Langvokals wie in *Feder*, ein belegtes Zimmer das Vorliegen eines kurzen Vollvokals wie in *Felder*. Deshalb benötigt das Deutsche die Konsonantenverdopplung: Der verdoppelte Konsonant füllt das letzte Zimmer des Hauses und signalisiert dort Vokalkürze *(fleddern)*.
In der mittleren Abteilung der Garage steht immer der Buchstabe ‹e›, er wird aber nie wie ein Vollvokal artikuliert, sondern als schwacher Reduktionsvokal oder gar nicht; das erklärt die Ausspracheunterschiede zwischen ‹le› in *Kohle* und ‹le› in *leben*. Auch das ‹h› in *gehen* wird jetzt verständlich: Es steht in der ersten Garagenabteilung und signalisiert dem Leser den Beginn einer Reduktionssilbe.
Die orthographischen Markierungen in Wörtern, die im herkömmlichen Unterricht häufig schwer zu vermitteln sind, sind im vorliegenden Modell systematisch darstellbar. Es ergeben sich vier Typen, die regelmäßige Strukturen aufzeigen

und ein fünfter Sondertyp, dessen Markierung einmal da ist, einmal nicht.

> **Strukturtyp 1:**
> offene Hauptsilbe = Langvokal
> *(Fe der)*
> **Strukturtyp 2:**
> geschlossene Hauptsilbe = Kurzvokal *(Fel der)*
> **Strukturtyp 3:**
> durch Verdopplung hergestellte Hauptsilbe = Kurzvokal
> *(fled dern)*
> **Strukturtyp 4:**
> h am Anfang der Reduktions-silbe = markiert Zweisilbigkeit
> *(ge hen)*
> **Sondertyp (Strukturtyp 5):**
> h im Endrand der Hauptsilbe = Langvokal *(Keh le)*

Die h-Markierung (Typ 5) steht nur vor l, m, n und r, dort aber nicht immer (vgl. *Kohlen* vs. *holen*). Wir kommen in einen Rechtschreibbe-reich, in dem das Einprägen eine größere Rolle zu spielen beginnt, wenngleich die l,m,n,r-Beschrän-kung hilft, den Hypothesenraum wirksam einzuschränken. Denn nur bei Wörtern mit l, m, n, r am Anfangsrand der Reduktionssilbe müssen die Kinder über das Vor-kommen von h nachdenken. Das heißt auch, dass es bei Wörtern

wie *Besen, fegen, Rabe …* keine h-Gefahr gibt.

Die Typen 1 – 4 sind systematisch herleitbar und müssen deshalb nicht eingeprägt werden, sondern können systematisch gelernt werden.

Wörter kommen manchmal in ihrer Grundform (Zweisilber) vor, manchmal nicht. So ist *Felder* in der Einzahl ein Einsilber *(Feld)*, *gehen* kommt als *gehst* oder *geht* vor, der Stamm von *gehen* steckt in Wörtern wie *Gehstock* oder *Gehhil-fe*. Die Schreibung des Stammes bleibt jedoch immer diejenige, die sie in der zweisilbigen Basisform erhalten hat *(geh)*. Wir sprechen von Stammkonstanz.

Das Modell von Haus und Garage kann zur Anbahnung dieser Er-kenntnisse genutzt werden. Die Stammgrenze liegt immer rechts der ersten Garagenabteilung:

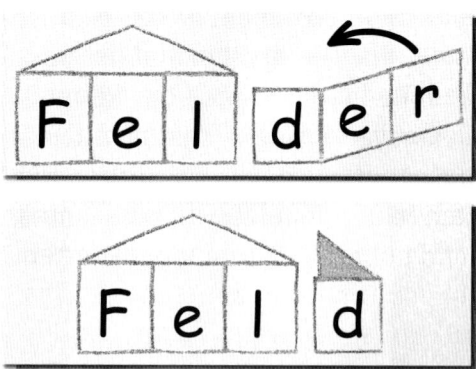

Links vom Knick befindet sich das Stamm-morphem (Feld), rechts vom Knick das Funktionsmorphem (er = Plural).

Die hier vorgestellte Schriftsystematik bildet auch die Grundlage für den Erwerb des Lesens und Schreibens. Denn Schrifterwerb ist Systemerwerb. Als Teil des Spracherwerbs setzt der Schrifterwerb auf der Basis der bereits weitgehend entwickelten lautsprachlichen Fähigkeiten an. Die für Kinder zugänglichen lautlichen Einheiten sind genau diejenigen, die für die orthographische Struktur relevant sind: Silben und Akzentmuster (vgl. Andresen 1985, Röber-Siekmeyer 2001; Röber 2009). Ein Schrifterwerbskonzept, das an der Wahrnehmung von Silben als lautlicher und schriftlicher Grundeinheiten ansetzt, verspricht daher nicht nur einen optimalen Zugriff auf orthographische Muster, sondern zugleich eine optimale Nutzung der phonologischen Vorläuferfähigkeiten von Schreib- und Leseanfängern.

Auf der Grundlage der Einheiten, die ihnen zugänglich sind, bilden Kinder Hypothesen über die Regelmäßigkeiten der Schrift aus. Dabei gehen sie weitgehend entdeckend vor. Die Aneignung der Schriftsprache ist in diesem Sinne als Konstruktionsprozess zu verstehen, bei dem sich Lernende das Schriftsystem schrittweise erarbeiten, indem sie auf der Grundlage der Wahrnehmung Silben- und Akzentstrukturen orthographischer Regularitäten selbständig suchen und ihre Hypothesen schrittweise weiterentwickeln (vgl. auch Röber-Siekmeyer 1993, S. 42ff.).

Die jeweils gewonnenen Erkenntnisse, die durch kognitive und operative Auseinandersetzungen mit einer Fragestellung oder einem Problem gewonnen werden, dienen als Basis zum Aufbau für weitere Wissensstrukturen (vgl. Ginsburg, H. & Opper, S. 7 (1993)).

3. Spielend lesen lernen mit dem *Silbenzauber*

Versteht man den Schriftspracherwerb in diesem Sinne als eigenständigen Entdeckungspfad, kommt viel darauf an, den Lernenden motivierende und entdeckungsintensive Lernanlässe anzubieten, die zum handelnden und experimentierenden Umgang einladen.

Auf diesen Überlegungen aufbauend wurden an der Universität zu Köln Lernspiele entwickelt, die so konzipiert sind, dass durch die Auseinandersetzung mit den Wortstrukturen die innere Regelbildung bei den Lernenden vorangetrieben wird und sich dadurch ihr orthographisches Wissen stabilisiert. Der Entdeckungs- und Konstruktionsprozess orthographischer Regularitäten wird als Bottom-up-Prozess initiiert – die Lernenden gelangen vom Speziellen zum Allgemeinen, vom Fall zur Regularität. Um diesen Prozess anzuleiten und zu unterstützen, arbeiten die Spiele mit prototypischem orthographischem Wortmaterial (vgl. Strukturtypen 1 – 4), das zu Hypothesenbildungen über die orthographische Struktur des trochäischen Zweisilbers und seine jeweilige Realisierung beim Lesen anregt. Durch die flexible Gestaltung des Materials ist auch eine eigenständige Weiterarbeit an morphologischen Strukturen (Entdeckung von Stämmen und Funktionsmorphemen) möglich. Ziel der Spiele ist es somit, systemrelevante Entdeckungen zu ermöglichen und so die Aneignung von orthographischem Strukturwissen, das im günstigsten Fall auch später beim Schreiben aktiviert werden kann, voranzutreiben *(vgl. Bredel/ Günther 2006, S. 209)*.

3.1 Spielerische Einblicke in die Wortstruktur

Die Spiele sind in der Spielebox *Der große Silbenzauber* im Mildenberger Verlag erschienen. Sie schaffen Raum für ein abwechslungsreiches, eigenverantwortliches Lernen und regen eine handelnde, entdeckende und experimentierende Auseinandersetzung mit Silben- und Akzentstrukturen des Deutschen und ihrem Reflex in der Schrift an. Die Lernenden erkennen die korrekte Lautstruktur von Wörtern durch die Beachtung der Silbenstrukturen.

Zur Sichtbarmachung der orthographischen Strukturen wird in den Spielmaterialien auf eine modifizierte Form der Haus-/Garagenstruktur zurückgegriffen: Haupt- und Reduktionssilbe werden durch gleichgroße, nicht überdachte Felder mit je drei Abteilen abgebildet. Diese Umgestaltung erlaubt zum einen, dass die Spielkarten flexibel, d.h. sowohl als Haupt- als auch als Reduktionssilbe (z.B. RA-**BE**, **BE**-SEN), eingesetzt werden können; dadurch ist zugleich die durchgängige Großschreibung der Spielkarten motiviert. Zum anderen wird durch eine derartige Gestaltung der Karten auch der Einsatz der Spiele in einem Unterricht, der nicht von Beginn an mit dieser Methode arbeitet, ermöglicht.

Die Verwendung derselben Silbe (hier BE) einmal als Haupt- und einmal als Reduktionssilbe führt den Kindern vor Augen, dass die Verlautung von Buchstabengruppen nicht immer dieselbe ist, sondern von ihrer Position im Wort abhängt. Wird eine Reduktionssilbe zur Hauptsilbe, wird sie betont realisiert (RA-**BE** vs. **BE**-SEN; TUL-**PEN** vs. **PEN**-DEL). Die Lernenden arbeiten auf diese Weise aktiv mit der Akzentstruktur des Deutschen, was es ihnen wiederum beim Lesen von Wörtern im Schulalltag ermöglicht, schneller auf die Normalaussprache zu schließen.

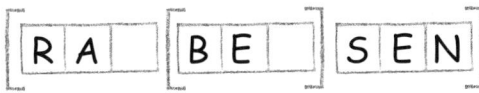

Ferner können die Kinder erkennen, dass Reduktionssilben produktiver als Hauptsilben sind. So kommen Reduktionssilben wie ‹SE› und ‹GEN› sehr häufig vor, wie z.B. bei RO-SE, HA-SE, HO-SE und SA-GEN, WA-GEN, LE-GEN und FE-GEN. Diese Silben wiederholen sich daher innerhalb der einzelnen Spiele auf den Spielkarten/auf dem Spielbrett immer wieder. Gleiche Silben müssen dann beim Lesen nicht mühsam neu erschlossen werden, sondern werden schneller erkannt. Alle Lesespiele bieten den Lernenden generelle Einsichten in den Bau von Haupt- und Reduktionssil-

ben. So können sie z.B. durch die Gegenüberstellung von offenen (Strukturtyp 1) und geschlossenen (Strukturtyp 2) Hauptsilben die hieraus resultierenden unterschiedlichen Vokalqualitäten erkennen (z.B. **LA**-DEN vs. **LAN**-DEN). Darüber hinaus können die Lernenden beobachten, dass im Kern der Reduktionssilbe immer der Buchstabe ‹E› steht, dass also nur die E-haltigen Silben einmal als Haupt-, einmal als Reduktionssilbe verwendet werden können. Das ‹E› der Reduktionssilbe wird nie wie ein Vollvokal artikuliert, sondern als Reduktionsvokal (wie in *Rabe*) oder gar nicht (wie in *leben*). Wird das ‹E› nicht artikuliert, kann es als optischer Füller bezeichnet werden.

In Spielen, die vorwiegend auf die Reduktionssilbe fokussieren, können die Lernenden des Weiteren erkennen, dass im Endrand der Reduktionssilbe, sofern dieser besetzt ist, häufig ‹L›, ‹N› oder ‹R›, seltener ‹M› oder ‹S› stehen. Sie entdecken also, dass sie eine Silbe wie ‹BE› oder ‹REN› als Reduktionssilbe verwenden können, eine Silbe wie ‹KET› oder ‹EB› nicht. Die Spiele sind so aufgebaut, dass solche Erkenntnisse auch für den Spielverlauf relevant werden können; dann nämlich, wenn die Geschwindigkeit der Entdeckung von Wörtern zum

Spielerfolg führt. Ein Kind, das bereits weiß, dass ‹RA› oder ‹KET› keine Reduktionssilbe sein kann, erreicht das Spielziel entsprechend schneller als ein Kind, für das alle Silben die gleiche Auftretenswahrscheinlichkeit haben.

Unterstützt durch die besondere Art der inhaltlichen und gestalterischen Konzeption des Materials werden die Lernenden beim Spielen zu einer strukturierten Entdeckung geradezu herausgefordert: Je mehr Strukturwissen sie haben und aktivieren, desto eher gelingt eine rasche Wortidentifikation.

Der Fortschritt, insbesondere von schwächeren Lesern und Leserinnen, wird deutlich: Sie gewinnen immer häufiger Spielrunden.

Darüber hinaus können die Spiele Lehrern und Lehrerinnen Auskunft über den jeweiligen Stand der Leseleistung auf Wortebene geben. Beobachtet man Lernende im Umgang mit den Spielmaterialien, kann man auf ihr Strukturwissen schließen: Versuchen sie z.B. Haupt- und Hauptsilbe zu kombinieren, haben sie die Struktur der Reduktionssilbe noch nicht verinnerlicht.

Manche Spiele erlauben die Bildung von Pseudowörtern (= potentiell mögliche Wörter, die der Struktur entsprechen, aber nicht mit Bedeutung belegt sind, z. B.

‹HATE›, ‹BEGEN›, ‹KRÖSE›). Auch der Umgang mit diesen Strukturen durch die Lernenden ermöglicht Auskünfte über vorhandenes Strukturwissen: Schaffen es die Kinder, auch diese Wörter mit dem trochäischen Akzentmuster – also betonte Hauptsilbe mit entsprechender Vokalqualität und unbetonte Reduktionssilbe – vorzulesen, kann man davon ausgehen, dass die basale Wortlesefähigkeit, verstanden als das Erkennen von Schriftstrukturen, erworben ist.

3.2 *Silbenzauber* – spielen mit System

Entwickelt und erprobt wurden insgesamt sieben Silbenspiele, die überwiegend an bekannte Spielideen, wie z.B. Memospiel, Domino oder Quartett, angelehnt sind. Somit können die Kinder ihre gesamte Aufmerksamkeit auf die orthographischen Zielstrukturen richten. Zusätzlich gibt es aber zwei neue Spiele, bei denen neben Lesen auch Fähigkeiten wie Schreiben und strategisches Denken gefragt sind. Sechs Spiele sind in einer Spielesammlung zusammengefasst. Ein weiteres ist allein veröffentlicht, da es jüngere Leser als die restlichen Spiele anspricht.

Prinzipiell können die Silbenspiele eingesetzt werden, sobald die Lernenden über ausreichende Buchstabenkenntnisse verfügen. Die Spiele sind in Bezug auf Wortmaterial und Strukturtypen erweiterbar und können zur Förderung der Wortlesefähigkeit auch noch in den Unterricht der Klassen 3 und 4 integriert werden.

Der kleine Silbenzauber
Silbenwesen

Der große Silbenzauber
1. Silbenquartett
2. Silbendomino
3. Silbenquadrat
4. Silbenmagie
5. Silbenpirat
6. Silbenrennen

Die gegebene Reihenfolge der Spiele entspricht ihrer ansteigenden Komplexität bezüglich des Regelverständnisses, den dargebotenen Strukturen und weiteren notwendigen Voraussetzungen, welche die Kinder mitbringen müssen, um sie erfolgreich spielen zu können.

Es handelt sich bei den Spielen sowohl um reine Kartenspiele (0 – 4) als auch um Brettspiele (5 und 6), bei denen durch unter-schiedliche Spielzüge Haupt- und Reduktionssilben zu Wörtern vervollständigt werden müssen.

Die Kinder können dabei sowohl mit dem Wortmaterial als auch mit den Spielregeln kreativ umgehen. Dabei verhindert die jeweilige Spielanordnung, dass die Lernenden fälschlicherweise Hauptsilben mit Hauptsilben kombinieren. Durch seine besondere gestalterische Konzeption ist das Spielmaterial für Kinder sehr ansprechend. So können die Kinder z.B. einmal als Piraten auf Schatzsuche gehen, während sie in einem anderen Spiel an einem rasanten Autorennen teilnehmen können. Trotz der kindgerechten Gestaltung steht jedoch stets die Struktur von Haupt- und Reduktionssilben und deren Kombinationsmöglichkeiten im Vordergrund. Aus diesem Grund wird mit unterstützendem Bildmaterial sparsam umgegangen. Damit soll erreicht werden, dass die Lernenden spielerisch kombinierend Strukturwissen erlangen und erproben und sich nicht anhand der Bilder zum Raten verführen lassen. Durch die Spiele setzen sich die Lernenden permanent silbenweise lesend mit prototypischem Wortmaterial auseinander. Wird diese Struktur verinnerlicht, ist der Grundstein für das Erkennen von größeren Einheiten gelegt, was sich später auch günstig auf das Satzlesen auswirkt.

Die Spiele arbeiten durchgängig mit den vier oben beschriebenen Strukturtypen. Welcher jeweils verwendet wird, ist auf den Spielkarten farblich kenntlich gemacht, sodass im Unterricht je nach Zielsetzung mit nur einem oder mehreren Strukturtypen gearbeitet werden kann. Wird Kartenmaterial aus mehreren Strukturtypen (nachfolgend S genannt) parallel verwendet, muss eine Einschränkung bedacht werden: S1, S2 und S3 können problemlos miteinander kombiniert werden – auch wenn im Spielverlauf nicht immer ein mit Bedeutung belegtes Wort entsteht – die orthographische Struktur bleibt erhalten. Das ‹H› in der ersten Abteilung der Garage bei S4, das optisch eine zweite Silbe initiiert, steht jedoch nur, wenn die dritte Abteilung des Hauses unbesetzt ist (‹GE-HEN›). Folglich kann man S2 und S3 nicht mit S4 kombinieren. Es würde nicht strukturkonformes Wortmaterial entstehen. Die folgenden Beispiele erläutern die dargestellte Problematik:

(a) Die Kombination aus S1 und S4 erzeugt durchgängig Strukturen, wie sie im deutschen Schriftsystem vorkommen: So können die Hauptsilben von HA-SE und GE-HEN ohne Strukturverlust gegeneinander zu *HA-HEN* und *GE-SE* ausgetauscht werden, auch wenn es diese Wörter im Deutschen nicht gibt.

(b) Die Kombination aus S2 und S4 führt dagegen auch zu Formen, die es nicht geben kann. Tauscht man die Hauptsilben von MAN-TEL und GE-HEN gegeneinander aus, so entstehen *GE-TEL*, eine eigentlich gute Struktur, aber auch **MAN-HEN*; einen solchen Ausdruck kann es im Deutschen nicht geben.

(c) Dasselbe gilt für die Kombination aus S3 und S4. Der Hauptsilbentausch von KAN-NE und GE-HEN führt zu GE-NE und **KAN-HEN*, wobei auch hier das letztere so nicht vorkommen kann.

Durch die besondere Art der inhaltlichen und gestalterischen Konzeption des Materials ist ein vielfältiger und flexibler Einsatz der Spiele in Einzel-, Partner- und Gruppenarbeit im Unterricht möglich. So kann das Material aufgrund der gegebenen Differenzierungsmöglichkeiten, die sich u. a. aus den einzelnen Strukturtypen ergeben, sowohl zur Förderung starker als auch schwächerer Lerner und

Lernerinnen eingesetzt werden (vgl. Kap. 4). Außerdem können die jeweiligen Spielabläufe jederzeit an die Interessen und Fähigkeiten der Lernenden angepasst werden, sodass der Lehrkraft ein maximales Maß an Flexibilität gewährleistet wird.

4. Erfahrungen mit dem Einsatz des *Silbenzaubers*

Die beschriebenen Lernspiele wurden als Prototypen entwickelt und in Grundschulen erprobt. Die Kinder waren sehr motiviert und gingen konstruktiv und kreativ mit den Materialien um. Vorteilhaft waren vor allem die Einfachheit der Spielideen, sodass kaum Zeit auf das Verstehen und Umsetzen komplexer Spielregeln verwendet werden musste, sowie die klare Struktur des Wortmaterials. Vielen Kindern waren die Wörter in den Spielen bekannt, so dass sie sich ganz auf die Silbenstrukturen und ihre Regelmäßigkeiten konzentrieren konnten. Besondere Freude hatten sie an immer wieder entstehenden „Quatschwörtern".

Auch leseschwache Schülerinnen und Schüler waren hochmotiviert und setzten sich zielführend mit den Materialien auseinander. Einige von ihnen unternahmen zum ersten Mal Entdeckungsprozesse an orthographischem Material und konnten erstes Strukturwissen aufbauen.

Die spielerische Arbeitsweise erlaubte ihnen, ihr eigenes Arbeitstempo zu bestimmen. Die Vielfältigkeit des Materials ermöglichte eine flexible Anpassung an unterschiedliche Lernstände.

Erste Erprobungen an Förderschulen haben gezeigt, dass auch Kinder mit diagnostizierten Lern- und Sprachschwierigkeiten von den in den Spielen präsentierten Strukturen in besonderer Weise profitieren. Die Einladung an die Kinder, nicht Laut für Laut, sondern Silbe für Silbe zu lesen, entlastet das phonologische Arbeitsgedächtnis, das bei Leseerwerbsschwierigkeiten häufig beeinträchtigt ist *(Link & Schöler 2005)*: Beim silbenweisen Lesen entstehen auditiv und sprechmotorisch brauchbare Leseeinheiten, während beim Laut-für-Laut-Lesen unter hohem Einsatz des Arbeitsgedächtnisses unstrukturierte Wortvorformen (vgl. Kapitel 1) entstehen, die nicht ohne eine aktive Reanalyse des Gelesenen, die auf eine vollständige Abrufbarkeit aller gelesenen Einzellaute angewiesen ist, zu Wörtern verarbeitet werden können.

Eine ganz besondere Chance bieten die Spiele für Kinder mit Migrationshintergrund: Die an Silben und Füßen orientierten Leseeinheiten erlauben das korrekte Erlesen auch unbekannter Wörter. Die silbische Leseweise und die Zuweisung der korrekten Akzentmuster, zu denen die Kinder durch die Spiele herausgefordert werden, bieten den optimalen Ausgangspunkt für die Strukturerkennung des Trochäus, der die „Gußform" *(Penner 2000, S. 105)* für deutsche Wörter bildet und dessen Kenntnis die Einarbeitung weiteren Wortmaterials erheblich erleichtert.

Für Lehrer und Lehrerinnen sowie für Eltern bieten die Spiele die Möglichkeit, Auskunft über die Lesefähigkeit der Kinder zu erhalten (s. o.), ohne dass dies an Überprüfungssituationen geknüpft wäre. So bieten die Materialien nicht nur Lerngelegenheiten, sondern zugleich Lernbeobachtungsgelegenheiten unabhängig vom zugrunde gelegten Leselehrgang.

Literatur

Andresen, H. (1985): Schriftspracherwerb und die Entstehung von Sprachbewusstheit. Opladen: Westdeutscher Verlag

Bredel, U. & Günther, H. (2006): Orthographietheorie und Rechtschreibunterricht. In: Bredel, U./Günther, H. (Hg.): Orthographietheorie und Rechtschreibunterricht. Tübingen: Niemeyer, S. 197 – 215

Bredel, U. (2009): Orthographie als System – Orthographieerwerb als Systemerwerb (2009). In: Zeitschrift für Literaturwissenschaft und Linguistik (LiLi) 39, Heft 153: Worauf kann sich der Sprachunterricht stützen? Hg. von Wolfgang Klein und Christine Dimroth, S. 135 – 154

Ginsburg, H. & Opper, S. 7 (1993): Piagets Theorie der geistigen Entwicklung. Stuttgart: Klett-Cotta

Link, M. & Schöler, H. (2005): Wege aus der Sackgasse. Eine Möglichkeit der Förderung extrem schwacher Kinder. Arbeitsberichte aus dem Forschungsprojekt „Differenzialdiagnostik". 23. Online-Publikation unter: http://www.ph-heidelberg.de/wp/ schoeler/datein/bericht23.pdf (letzter Zugriff 18.12.2009)

Penner, Z. (2000): Phonologische Entwicklung: Eine Übersicht. In: Grimm, H. (Hg.): Sprachentwicklung. Göttingen et al., S. 105 – 139

Röber-Siekmeyer, C. (1993): Die Schriftsprache entdecken. Weinheim/ Basel: Beltz Verlag

Röber-Siekmeyer, C. (2001): Der Mythos der Lauttreue. Für eine andere Repräsentation der Schrift. In: Grundschule, Heft 6, S. 40 – 42

Röber, C. (2009): Die Leistung der Kinder beim Lesen- und Schreibenlernen. Grundlagen der Silbenanalytischen Methode. Baltmannsweiler: Schneider Hohengehren

Erfolgskontrollen zum Leselernerfolg mit Lautgebärden Vergleiche zwischen Schulklassen

Dr. Lisa Dummer-Smoch

Zur Einführung

In den Jahren nach der Veröffentlichung des schleswig-holsteinischen Legasthenie-Erlasses (1973, 1978) entstand teils durch die Förderlehrkräfte in den Schulen, teils durch betroffene Eltern ein verstärktes Interesse, diesen Kindern zum Lesen zu verhelfen. Meine Kollegin, Frau Hackethal, hatte vorher ein sogenanntes „Legasthenie-Ambulatorium" geführt. Es gehörte zu insgesamt fünf Einrichtungen, die wie Sprachheilambulatorien auch, von der Stadt finanziell getragen wurden. Nach dem Erscheinen des Erlasses aber wurden die Legasthenie-Ambulatorien aufgegeben: Im Schulsystem – so sah es die Stadt – schien doch alles geregelt zu sein! Dass dem nicht so war, merkten die Eltern legasthener Kinder sehr bald und schmerzlich: In den meisten Schulen gab es keine Lehrkräfte, die auf die spezifische Förderung betroffener Kinder vorbereitet waren und es bestand auch erhebliche Abneigung gegenüber dem Thema Legasthenie unter Lehrkräften, Lehrerverbänden und selbst in den betroffenen Abteilungen der Kultusministerien.

Das Vorurteil, wer nicht lesen lernen könne, sei dumm, steckte fest in vielen Köpfen und damit der Verdacht, mithilfe der Legasthenie-Förderung sollten „dumme Schüler" in die Gymnasien gebracht werden (s. Angermaier, 1976, S. 35). Wenn sogar Erziehungswissenschaftler sich so äußerten, wer konnte widersprechen? Alle vorher bereits unter Experten diskutierten Ursachen des legasthenen Leselern- und damit allzu oft verbundenen Schulversagens wurden auf zwei Faktoren reduziert, auf den Anfangsunterricht im Lesen und auf ein unterdurchschnittliches soziales Milieu. Es war die Zeit, in der die Erziehungswissenschaften neue Erkenntnisse über Bildungseinschränkungen vor allem der „Unterschicht" im Vergleich zur „Oberschicht" grob verallgemeinerten. Nun sollte die Schule auch für die Verminderung der Benachteiligungen von „Unterschichtkindern" sorgen. Dass unter diesen Voraussetzungen Lehrkräfte im allgemeinen nicht begeistert auf den neuen Erlass reagierten, leuchtet ein.

Nachdem die Legasthenie-Ambulatorien nicht weitergeführt werden konnten, gründeten Frau Hackethal und ich mithilfe einer Reihe von Eltern einen gemeinnützigen Verein, der eine außerschulischen Förderung ermöglichte, ohne gewinnorientiert zu arbeiten. Ein Ehepaar mit zwei legasthenen Söhnen vermietete uns zunächst einen, später zwei und mehr Räume.

Neben der Silbengliederung, die für das Lesenlernen von Kindern auf analphabetischem Niveau unverzichtbar ist, erprobten wir bald auch die Hilfe der Lautgebärden. Es stellten sich teils überraschend schnelle Erfolge ein, die anscheinend auf die Gebärden zurückzuführen waren. Das Verschleifen von zwei Lauten zur Silbe – und auf diesem Niveau mussten wir beginnen – gelang schneller und zunehmend sicherer. Ein weiteres, stützendes Element des erschwerten Leselernprozesses schien anfangs das laute, gedehnte Mitsprechen zu sein. Noch hatten wir keine Antwort auf die Fragen, welche Komponenten des Leseprozesses durch die eine oder andere Hilfe erleichtert wurden. Dennoch tauchte im Gespräch mit den Teilnehmerinnen von Fortbildungsveranstaltungen der Vorschlag auf, mit den Lautgebärden bereits im Erstleseunterricht vorbeugend zu arbeiten. Wenn Kinder nach mehreren Jahren des Versagens in relativ kurzer Zeit zum Leselernerfolg geführt werden könnten, sollte man die Lautgebärden nicht im Leseanfangsunterricht generell einsetzen? So würde man die tiefen Entmutigungen leseschwacher Kinder vermeiden, denen das Anfangsversagen jede Lese- und Lernmotivation nahm, zunehmend ihr Selbstwertgefühl verunsicherte und sie schließlich oftmals in ein allgemeines Schulversagen führte.

Eine Gruppe von Lehrerinnen war bereit, Lautgebärden im Erstleseunterricht zu benutzen, nachdem eine erste Kollegin, Frau Karnatz, bereits in zwei aufeinanderfolgenden Jahren damit gearbeitet hatte und ihren Erfolg im Vergleich zu vier Parallelklassen tabellarisch sichtbar machen konnte (siehe Tabellen 1 bis 4).

Sie gelangte nach einer kurzen Einführungsphase zur Befestigung der ersten Laut-Buchstabenverbindungen automatisch zur Silbengliederung. Die Sprache ist, gelenkt vom Sprachrhythmus, in Silben gegliedert. Auch das Verschleifen von zwei Lauten zur Silbe – eine in der Lesedidaktik früh erkannte Hürde für Leseanfänger (Bosch, B., 1961) – wurde offensichtlich erleichtert. So entstand in den Jahren bis 1990 auf der Grundlage von Veranstaltungen der Lehrerfortbildung zum Erstleseunterricht eine Reihe weiterer Erfolgskontrollen, die am Ende der ersten Klasse den Vergleich zwischen Lautgebärden-Klassen und herkömmlich unterrichteten Klassen ermöglichten.

Die Arbeit von Frau Karnatz führte zur allmählichen Wiedereinführung von Lautgebärden in den Erstleseunterricht in Schleswig-Holstein. Zur Erinnerung: Schon vor 1930 hatte Koch Lautgebärden aus dem Sonderschulunterricht übernommen und sie in ersten Klassen der Regelschule eingesetzt, in denen sich ein großer Anteil polnisch sprechender Kinder befand (Koch, o.J.). Die Eltern dieser Kinder waren nach dem Ersten Weltkrieg aus dem Kohle-Bergbau im polnischen Teil des ehemaligen Oberschlesiens ins Ruhrgebiet eingewandert.

Anfangs benutzten wir für den Vergleich zwischen Lautgebärden- und Kontroll-Klassen einen Satz von 20 Bildern, zu denen die Kinder die Wörter aufschreiben sollten, eine Vorform der späteren diagnostischen Bilderlisten mit 24 Wörtern (Dummer-Smoch 1988, Veris Verlag, Kiel).

Da es hier um die Darstellung der aus unserer Sicht wichtigsten Erfolgskontrollen geht, musste eine Auswahl aus dem reichen Material getroffen werden. Zunächst aber sei ein Abriss des theoretischen Hintergrunds für die Arbeit mit Lautgebärden dargestellt.

Ein wenig Theorie: Die Lautgebärden im Licht der Hirnforschung

Lesedidaktiker fordern für Kinder ohne Leselernerfolg mehr *„Zeit für die Schrift"* (Dehn 1988). Sie stellen sich auf den Standpunkt, wer erst im zweiten oder dritten Schuljahr lesen lerne, gehe ebenso den *„normalen"* Lernweg wie andere Kinder, lediglich zu einem späteren Zeitpunkt (Brügelmann 1987). Sie sehen zwar, dass es *„für rechtschreibschwache Kinder durchaus ‚erhöhte Hürden' geben"* kann, aber *„.... im Prinzip sind es die gleichen Hürden, die alle Kinder zu überwinden haben"* (Scheerer-Neumann, 1993). Die Frage, warum die gleichen Hürden für Legastheniker sehr viel später oder – ohne spezifische Hilfen – gar nicht bewältigt werden können, müsste sich für Wissenschaftler eigentlich stellen. Eine Reihe von Lesedidaktikern berücksichtigen auch nicht die Folgen des verspäteten Leselernerfolgs: Andauernde Misserfolge in Diktaten, und das in einem Schulsystem, indem sich der Schulerfolg nahezu gleichsetzen lässt mit dem Anfangserfolg im Lesen und Schreiben (Kemmler 1967; Jansen & Skowronek, 1997).

Der grundlegende Unterschied zwischen dem Denk-Hintergrund der dargestellten Auffassungen und dem Ansatz, den wir mit den Lautgebärden verfolgen, ist der zwischen linguistischen, auf die Erkenntnisse der Sprachwissenschaft gegründeten Theorien einerseits und neuropsychologischen Theorien des Lesens andererseits. Diese beiden Denkmodelle unterscheiden sich durch die Betonung kognitiver, linguistischer Komponenten des Leseprozesses (das „Denkmodell", z.B. Brügelmann 1984) im Vergleich zur Berücksichtigung tiefer liegender Verarbeitungsprozesse im Gehirn, die dem Denken vorausgehen müssen (das neuro-psychologische Modell, gestützt auf Luria 1970). Lurias umfassende Darstellung des damaligen Standes der russischen Hirnforschung war in Westdeutschland noch nicht verfügbar. In der ehemaligen DDR entwickelte man dagegen die Theorie für den Erstleseunterricht auf der Grundlage der Forschungsergebnisse von Luria und einer Reihe weiterer russischer Autoren, die seinen Ergebnissen folgten.

Die bei uns bis heute betonte Aussage von Sprachwissenschaftlern „Lesen bedeutet Sinnentnahme!" braucht nicht in Frage gestellt zu werden, wenn man unterhalb der Ebene der denkenden (kognitiven) Verarbeitung, also auch der Sinnentnahme, die Ebene der zentralen Verarbeitung von sprachbezogenen Wahrnehmungs- und Unterscheidungsleistungen annimmt:
Die Ebene der kognitiven Verarbeitung berücksichtigt Gesetzmäßigkeiten und Regeln der Schriftsprache: Laut-Buchstabenverknüpfung, Elemente der gesprochenen Sprache wie Silben, Morpheme, orthographische Regeln und den Umfang des Wortschatzes. Letztlich führen alle diese kognitiven Leistungen zum Sinnverstehen. Diese Ebene stützt sich jedoch mit Notwendigkeit auf die vorausgehenden Prozesse der zentralen Verarbeitung von Wahrnehmungsleistungen, die mit Sprache verbunden sind.

Diese Prozesse ermöglichen den Aufbau der Lesetechnik bis zur Automation aller Komponenten des Lesens. Wenn ein Kind wegen eines Handicaps in diesen grundlegenden Wahrnehmungsprozessen z. B. die Laute o und u oder i und e selbst bei Langvokalen nicht unterscheiden kann, ist ihm die Zuordnung dieser Laute zu den entsprechenden Buchstaben nicht möglich. Das Versagen liegt nicht auf der Ebene des Denkens! Dasselbe gilt für die „harten" und „weichen" Konsonanten: /b/ und /p/; /d/ und /t/; /g/ und /k/; /w/ und /f/. Die dem Denken entspringende Einsicht in den Zusammenhang von Laut-Buchstabenverbindungen kann bei diesem Kind grundsätzlich vorhanden sein, nützt ihm aber nichts, wenn diese schwierigeren Unterscheidungsleistungen nicht gelingen.

Während Linguisten sich also mit den Gesetzmäßigkeiten der Sprache und Schriftsprache befassen, ohne mögliche Handicaps in den Wahrnehmungsprozessen für Sprache zu berücksichtigen, beobachten neuropsychologisch orientierte Wissenschaftler lernende Kinder. Sie wollen wissen, an welchen zentralen Handicaps das individuelle Kind im Leselernprozess scheitern kann. Mit ihren Ergebnissen bestä-

tigt die Hirnforschung auch die Beobachtungen in der Förderpraxis: Es gibt Kinder, die sehr gut denken können, und dennoch auf der Ebene der zentralen Verarbeitung von sprachbezogenen Wahrnehmungsleistungen im Leselernprozess scheitern. *„Mehr üben"* dessen was das Kind aus diesen Gründen nicht leisten kann, muss erfolglos bleiben.

Seit mehr als 20 Jahren kann die Hirnforschung, die diese neurobiologische Ebene untersucht, mit einer Fülle von Ergebnissen Störungen in den zentralen Prozessen der Verarbeitung sprachbezogener Wahrnehmungsleistungen bei legasthenen Kindern belegen (vor allem Galaburda et.al. 1985; Paulesu et al. 1996; Shaywitz et al. 1998, Schulte-Körne 2009).

Ein Ergebnis dieser Forschung, das in vielen internationalen Untersuchungen immer wieder bestätigt wurde: Die kognitiven Leistungen des verstehenden Lesens stützen sich auf Lautunterscheidung, die Auflösung der Lautfolge und andere Komponenten der Leseleistung, die häufig mit der zeitlichen Verarbeitung zu tun haben. Nur die kognitive Ebene zu berücksichtigen, speziell in der Lesedidaktik, wäre verfehlt.

Ein Beispiel: Die stimmlosen Konsonanten können, weil sie nur sehr kurz anklingen, von Kindern im Einschulungsalter noch kaum unterschieden werden. Daher fällt es auch schwer zu entscheiden, ob man den stimmlosen oder den stimmhaften Konsonanten hört und schreiben muss. Die Silben ba-pa, da-ta konnten in entsprechenden Untersuchungen von Kindern kurz nach der Einschulung noch nicht unterschieden werden. Später, in höheren KLassen versagten nur noch Leseschwache und sprachbehinderte Kinder (Tallal 1980; Pöppel 1987; Steinbüchel 2000). Man konnte nachweisen, dass dies mit der sogenannten „Ordnungsschwelle" (Poeppel) zusammenhängt. Sie ermöglicht, die zeitliche Abfolge einzelner Laute zu analysieren, die im gesprochenen Wort rasch aufeinander folgen. Als „Ordnungsschwelle" gilt der kleinste zeitliche Abstand zwischen zwei Hörreizen, der nötig ist, damit man sie getrennt, also als zwei Reize, wahrnehmen kann. In wissenschaftlichen Untersuchungen konnte gezeigt werden, dass diese Ordnungsschwelle im Verlauf des Lebens unterschiedlich hoch liegt (v. Steinbüchel, 2000):

- *bei Erwachsenen durchschnittlich bei 37 Millisekunden*
- *bei Kindern aus zweiten Klassen, die im Lesen unauffällig waren, im Mittel bei 109 Millisekunden (v. Steinbüchel, Wittmann & Landauer 2000, S. 141)*

- *bei sprachbehinderten Kindern und Leseschwachen bei mehr als 280 Millisek.*
- *bei Frühlesern Anfang Klasse 1 bei nur 66 Millisekunden.*

In diesen Ergebnissen zeichnet sich sowohl die Abhängigkeit der zeitlichen Ordnungsschwelle von der individuellen kindlichen Entwicklung als auch – bei überdauernden Schwierigkeiten – von Handicaps der zentralen Wahrnehmungsverarbeitung ab.

Hier liegt ein Feld für eine künftige wissenschaftliche Zusammenarbeit von Linguisten und Neurowissenschaftlern. Sie haben es in Bezug auf den Leselernprozess beide mit der Aufklärung von Erfolg und Versagen der Kinder zu tun.

Aus unserer Erfahrung im Leseanfangsunterricht wie in der Legastheniker-Förderung sprechen die Erfolge der Arbeit mit Lautgebärden, die zugleich Mitsprechen in Silben erfordert, für den neurobiologischen Erklärungsansatz: Handicaps auszugleichen – seien sie vorübergehend oder überdauernd – erfordert den Aufbau kompensatorischer Strategien. Nur vermehrtes Üben und mehr Zeit für das Lernen bei unzureichenden Methoden reichen nicht aus.

Tacke et al. erklären in ihrer Studie über den Effekt der von ihnen überprüften Strategie des silbenweisen Mitsprechens während des Schreibens so: *„Durch das Mitsprechen wird, wie die Beobachtungen zeigen, der Schreibvorgang verlangsamt. Dadurch werden bei den Schülern möglicherweise Gedächtniskapazitäten frei, die sie in die Lage versetzen, mehr Rechtschreibwissen zu aktualisieren ..."* (Tacke 2007, S. 141). In dieser Interpretation wird das Zeitproblem angesprochen.

Aufgrund der Forschungsergebnisse zur Ordnungsschwelle könnte man jedoch auch vermuten, dass die Verlangsamung durch das silbenweise Mitsprechen die Zeitspanne für die Wahrnehmung der Laute und der Lautfolge verlängert. In der Förderung an der Kieler PH haben wir durch das Mehrfachsprechen der kritischen Anfangskonsonanten b, p, d, t, g, k bzw. des ersten von zwei Konsonanten am Wortanfang (z.B. „B-b-blu-me") genau diesen Effekt erreicht: Die Wahrnehmbarkeit beider Laute und ihrer Reihenfolge verbesserte sich durch diese Strategie im Verlauf der Förderung. Die Kinder konnten diese Kompensationshilfe auch während des Diktats anwenden.

Das führte zur Verminderung ihrer Fehlerzahl.

Nun bestätigen die jüngsten Ergebnisse der Hirnforschung den neurobiologischen Denkansatz mehr und mehr. Manfred Spitzer spricht bei legasthenen Erscheinungsbildern unter Bezugnahme auf Forschungsarbeiten (Galaburda et.al. 1985; Paulesc et al. 1996; Shaywitz et al. 1998;) von Störungen der „Mikroverdrahtung" im Gehirn (Spitzer 2006, S. 247 ff.). Danach stellt sich die Leseleistung nicht mehr nur als Verbindung von auditiven und visuellen Leistungen dar, wie zur Zeit der Ganzheitsmethode. Vielmehr handelt es sich um eine hochkomplexe Verbindung (oder Vernetzung) von Komponenten zentraler Verarbeitung vor allem visueller, auditiver, rhythmischer, artikulationsmotorischer und kinästhetischer Wahrnehmungen in Verbindung mit schreibmotorischen Teilleistungen. Man wird wahrscheinlich noch weitere Komponenten der sprachbezogenen Wahrnehmungsleistungen finden. Dabei scheint die bereits erwähnte „Ordnungsschwelle", die Geschwindigkeit der zeitlichen Verarbeitung, eine sehr bedeutsame Komponente zu sein. In den meisten Untersuchungen zur Früherkennung fällt regelmäßig eine verlangsamte zentrale Verarbeitung auf. Lautgebärden und die damit verbundene Strategie des synchronen, gedehnten, silbenweisen Mitsprechens ermöglichen offenbar, Zeit für die verlangsamte Verarbeitung bei hoher Ordnungsschwelle zu gewinnen.

Die Erfolgskontrollen

Die erste Erfolgskontrolle: Schuljahr 1975/76, Testtermin Juni 1976

Es wurden 4 Klassen (A, B, C, D) ohne Lautgebärden, 1 Klasse (L) mit Lautgebärden unterrichtet. Alle Klassen gehörten derselben Schule, an, d.h. die Kinder kamen aus dem gleichen Schuleinzugsgebiet, einem Kieler Vorort mit hohem Anteil von Akademikern. Die vier Kontrollklassen erhielten regulären Erstleseunterricht nach der gleichen Fibel und bei Kolleginnen, die ihre Arbeit aufeinander abstimmten.

Am Ende des Schuljahres wurden allen Schülerinnen und Schülern 20 Bilder vorgelegt, untereinander auf einem Bogen so angeordnet, dass man das betreffende Wort daneben schreiben konnte. Es handelte sich um sogenannte „lautgetreue" Wörter, die keine orthographischen Probleme enthielten. Bei Wörtern mit ‹ie› zählte ein ‹i› nicht als Fehler und umgekehrt. Ebenso blieb ein fälschlich eingefügtes Dehnungs-H bei der Fehleranalyse unberücksichtigt.

Fehler	Kl. A	Kl.B	Kl. C	Kl. D	Kl. L		cf	PR
0		I		I	III	5	119	100,0
1	III	IIII		I	III	11	113	95,8
2	II	I	III	II	IIIII	13	102	86,6
3	IIII	II	IIIII	III	IIII	18	90	75,6
4	I	ü III	II	IIII	I	12	72	60,5
5	III	ü	III	I	IIII	12	60	50,4
6	III	II	I		I	7	48	40,3
7	I	I	I	III		6	41	34,5
8		I	ü	I	ü	4	35	29,4
9	I	I		II		4	31	26,1
10	II	–	ü I	–	ü	5	27	22,7
11	–	I	I	ü	–	3	22	18,5
12	–	–	–	I	–	1	19	16,0
13	–	I	–	–	–	1	18	15,1
14	I	–	–	–	–	1	17	14,3
15	ü	–	–	I	–	2	16	13,4
16	I	I	–	ü	–	3	14	11,8
17	üü	I	–	–	–	3	11	9,2
18	–	ü	III	–	–	4	8	6,7
19	–	ü	–	–	–	1	4	3,4
20	II	I	–	–	–	3	3	2,5
N	27	25	22	23	119			

Tabelle 1: Verteilung der einzelnen Kinder auf die vier Klassen (1975/76)

In der Tabelle 1, die hier als sogenannte „Strichliste" wiedergege-
ben ist, dem ersten Schritt einer
solchen Auswertung, bedeutet
jeder Strich ein regulär eingeschul-
tes Kind. Überalterte Schüler (zu-
rückgestellt oder Wiederholer der
Klasse) werden mit dem Buchstaben „ü" gekennzeichnet. Für Leser,
die mit statistischen Auswertun-
gen nicht vertraut sind, noch der
Hinweis, dass „cf" für „kumulierte
Häufigkeiten" steht. Das bedeutet,
die Häufigkeiten der Fehlerzahlen werden von unten nach oben
addiert, sodass sich ganz oben die
Summe der Messwerte, zugleich
die Anzahl der Kinder ergibt.

Beim ersten Blick auf diese Tabelle
wird bereits deutlich, dass in der
Lautgebärden-Klasse mehr als 10
Fehler (bei 20 geschriebenen Wörtern) nicht vorkommen. Die beiden
überalterten Schüler blieben zwar
die schwächsten in dieser Klasse,
sie liegen mit Prozentrangplätzen
über 20 jedoch schon im Durch-
schnitt der Gesamtgruppe.
Demgegenüber verteilen sich in
den herkömmlich unterrichteten
Klassen 22 Kinder auf die höheren
Fehlerzahlen (Prozentrang 18). Von
den 11 überalterten Schülern in den
Kontrollklassen erreichten zwei
bessere und zwei andere gleiche

Leistungen im Vergleich mit den
Überalterten in der Lautgebärden-
Klasse. Sieben der 11 überalterten
Kinder in den Kontrollklassen aber
blieben unter dem Niveau der
Lautgebärden-Klasse. Bei Median-
aufteilung der Daten ist der Unterschied zwischen VG und KG mit
p .02 signifikant.
Zu Beginn des 2. Schuljahres
wurden alle Kinder einzeln mit dem
Zürcher Lesetest überprüft. Auch
hier unterschieden sich die Gruppen signifikant ($p < .05$).
Die Lautgebärden scheinen im
Erstleseunterricht vor allem den
schwächeren Kindern zu helfen,
über Anfangsschwierigkeiten bei
noch nicht ausreichend entwickelten Leselernvoraussetzungen und
bei Handicaps im Sinne behinder-
ter zentraler Wahrnehmungsverarbeitung hinwegzukommen. Selbst,
wenn in Einzelfällen die Handicaps
nicht völlig ausgeglichen werden
können, wird doch der Lesestart
offensichtlich erleichtert. Zudem
bleibt angesichts der erlebten Lernerfolge die Lernfreude der Kinder
und ihr Selbstbewusstsein erhalten.
In der nachfolgenden Tabelle 2
wurden die Häufigkeiten für die
herkömmlich unterrichteten Klassen zusammengefasst und denen
der Lautgebärden-Klasse gegenübergestellt.

Auch in dieser Tabelle zeichnet sich die Verschiebung der Leistungen in der Lautgebärden-Klasse zu den niedrigsten Fehlerzahlen hin ab.

Gute Leser brauchen die Lautgebärden nicht. Bei ihnen kann man in der Regel ausgereifte Leselernvoraussetzungen, ohne Handicaps,

Fehlerbereiche	Kontrollgruppe	Lautgebärden-Klasse	Häufigkeiten
0 – 2	18 (18,8%)	11 (47,8%)	28 (23,5%)
3 – 4	25 (26,0%)	5 (21,7%)	30 (25,2%)
5 – 9	27 (28,1%)	6 (26,1%)	33 (27,7%)
10 – 12	8 (**8,3%**)	1 (**4,3%**)	9 (7,6%)
13 – 20	18 (**18,8%**)	0 –	18 (15,1%)
Gesamt	96 (100%)	23 (100%)	119 (100%)

Tabelle 2: Gegenüberstellung der herkömmlich und der mit Lautgebärden unterrichteten Kinder

Betrachtet man den Bereich der beiden schwächsten Niveaus (10 bis 20 Fehler), so wird mit 4,3% der Leistungen in der Lautgebärden-Klasse und 27.1% in den Kontroll-Klassen (8,3% plus 18,8% = 27,1%) der signifikante Unterschied wieder deutlich.

Wie zu erwarten ist, zeigt sich die Wirkung der Lautgebärden-Hilfe deutlicher im unteren Bereich der Leistungsskala. Das leuchtet ein: Bei gutem Leselernerfolg lassen sich die Leistungen durch Lautgebärden nicht steigern, denn wer lautgetreue Wörter lesen und schreiben kann, hat eine „Decke" erreicht: Mit den Bildern zu lautgetreuen Wörtern werden anspruchsvollere Schreibleistungen, etwa auf dem Niveau zweiter und dritter Klassen, nicht überprüft.

unterstellen. Einige von ihnen konnten bereits lesen. Dennoch schadet ihnen der Einsatz der Lautgebärden nicht. Für sie ist es ein Spiel, an dem sie gern teilnehmen. Man sollte ihnen darüber hinaus aber die Möglichkeit geben, ihre Lesefertigkeit an kleinen Leseheften oder Büchern zu erproben und zu erweitern.

Die Ergebnisse dieser ersten Untersuchung ermutigte die Kollegin, die mit den Lautgebärden gearbeitet hatte, auch im folgenden Schuljahr damit fortzufahren.

Die zweite Erfolgskontrolle: Schuljahr 1976/77, Testtermin Juni 1977

Die Fragestellung für diese Erfolgskontrolle lautete: Kann die Kollegin den Erfolg des Vorjahrs auch in diesem Jahr wieder erzielen? Immerhin könnte es Umstände geben, wie eine ungünstigere Zusammensetzung der Klasse, die zu einem anderen Ergebnis hätten führen können. Die Ergebnisse zeigt Tabelle 3.

der Häufigkeiten auf dem Niveau von 0 bis 5 Fehlern im Vergleich zur Lautgebärdengruppe, die 96% erreicht. Für diese Klasse können im Vergleich mit den beiden anderen Kontrollklassen günstigere Bedingungen vorgelegen haben, z.B. durch die Erfahrung der Lehrerin oder durch ein Überwiegen akademischer Elternhäuser.

Trotz des insgesamt höheren Leistungsstandes aber – nur in Klasse 1 C

Fehler	Klasse B	Klasse C	Klasse D	Lautgebärden	Gesamtgruppe
0 – 2	8 (33%)	8 (28,6%)	13 (48,1%)	15 (60%)	44 (42,3%)
3 – 5	6 (33%)	7 (25,0%)	11 (40,7%)	9 (36%)	33 (31,7%)
6 – 8	5 (21%)	5 (17,9%)	2 (7,4%)	1 (4%)	13 (12,5%)
9 – 20	5 (21%)	8 (28,6%)	1 (3,7%)	–	14 (13,5%)
Gesamt	24 (100%)	28 (100%)	27 (100%)	25 (100%)	104 (100%)

Tabelle 3: Die Ergebnisse im Schülerjahrgang der gleichen Schule im Schuljahr 1976/77

In diesem Schuljahr (1976/77) streuten die Fehler in der Lautgebärden-Klasse diesmal nur von 0 bis 6. Das könnte auf eine noch verbesserte Struktur des Unterrichts mit Lautgebärden zurückzuführen sein, aber auch auf einen günstigeren soziokulturellen Hintergrund der Klasse im Vergleich zum Vorjahr. In den Vergleichsklassen lagen die Werte zwischen 0 bis 16, 0 bis 19 und 0 bis 10 Fehlern. Die Klasse D erzielt das zweitbeste Ergebnis mit 88%

gab es drei Kinder mit 18 und 19 Fehlern – zeigt sich dennoch der Effekt der Lautgebärden: Wieder kamen Fehler auf dem Niveau der 13,5% schwächsten Leistungen in der Lautgebärden-Klasse nicht vor (vgl. Spalte „Gesamtgruppe"). Auch diese Tabelle lässt die Verminderung des Versagens durch den Einsatz der Lautgebärden erkennen.

In Tabelle 4 sind die Ergebnisse der herkömmlich unterrichteten Klassen wieder zusammengefasst und denen der Lautgebärden-Gruppe gegenübergestellt worden. Durch diese Zusammenfassung wird der größere Erfolg der Klasse D unter den Klassen, die nicht mit Lautgebärden gelernt haben, etwas nivelliert. Auf den beiden Niveaus mit wenigen Fehlern (0 bis 2 und 3 bis 5 Fehler) stehen bei diesem Vergleich nur noch insgesamt 67% gute Leistungen (in der Kontrollgruppe) den 96% der Lautgebärdengruppe gegenüber.

sich nur um ein Kind von 25, das überdies in den oberen Leistungsbereich dieses Niveaus fällt. Fasst man die Fehlerzahlen von 6 bis 20 zusammen, so stehen diesen 4% in der Lautgebärden-Gruppe 33% in der Kontrollgruppe gegenüber. Dieser Unterschied ist auch ohne Signifikanzprüfung überzeugend. Nach diesen ersten Untersuchungen interessierte nun die Frage, ob die Erfolge der Lautgebärden-Arbeit vor allem auf das Engagement und andere Persönlichkeitseigenschaften der Kollegin zurückzuführen sei, die den Unterricht

Fehlerbereiche	Kontrollgruppe	Lautgebärden-Klasse	Häufigkeiten
0 – 2	29 (37%)	15 (60%)	44 (42,3%)
3 – 5	24 (30%)	9 (36%)	33 (31,7%)
6 – 8	12 (15%)	1 (4%)	13 (12,5%)
9 – 20	14 (18%)	0 –	14 (13,5%)
Gesamt	79 (100%)	25 (100%)	104 (100%)

Tabelle 4: Der Vergleich zwischen herkömmlich unterrichteten Kindern und Kindern, die mit Lautgebärden lesen gelernt hatten (1976/77)

Wie zu erwarten, zeichnet sich auch in Tabelle 4 die Überlegenheit der Arbeit mit Lautgebärden ab. Wieder fällt dies in besonderem Maße beim Vergleich der beiden schwächsten Leistungsniveaus (6 bis 20 Fehler) auf: Insgesamt 33% der Kontrollgruppe liegen auf diesem Niveau, während es in der Lautgebärden-Gruppe nur 4% der Kinder sind. Allerdings handelt es

durchgeführt hatte. Daher sollte die Übertragbarkeit des Konzepts und des Erfolgs auf andere Schulen und Lehrkräfte in einer weiteren Untersuchung erprobt werden. Wegen der vielen Einflussgrößen, die den Leselernerfolg mit bestimmen, erwarteten wir weniger deutliche Erfolge.

Die dritte Erfolgskontrolle im Schuljahr 1977/78: Drei Schulen an drei Standorten im Vergleich

Für das Schuljahr 1977/78 konnten wir Kolleginnen aus drei verschiedenen Schulen gewinnen. Sie waren durch Veranstaltungen zur Lehrerfortbildung auf den Einsatz der Lautgebärden im Erstleseunterricht vorbereitet worden und erklärten sich zur Teilnahme am Versuch bereit.

Drei Versuchsklassen aus einer Schule hatten ein ausgesprochen städtisches Einzugsgebiet. Eine weitere Versuchsklasse und drei Kontrollklassen der gleichen Schule hatten teils städtischen, teils ländlichen soziokulturellen Hintergrund. Zwei weitere Kontrollklassen gehörten zu einer voll ausgebauten Landschule. So erhielten wir fünf Kontrollklassen mit herkömmlichem Erstleseunterricht und vier Klassen, in denen Lautgebärden eingesetzt wurden.

Die Ergebnisse, zusammengefasst in Tabelle 5, lassen erkennen: Zu den schwächsten 13% der Gesamtgruppe (16 bis 20 Fehler) gehören nur 5,7% der Lautgebärden-Gruppe, aber 19,4% der Kontrollgruppe. Hier zeichnet sich der Erfolg der Arbeit mit Lautgebärden am deutlichsten ab. Fasst man die beiden niedrigsten Leistungsniveaus zusammen (12 bis 20 Fehler), so stehen 14,3% der LG und 21% der KG einander gegenüber 15 Kinder zu 40, ein Verhältnis von 3 : 8. Auch mit diesen Ergebnissen lässt sich die Annahme stützen, dass sich der Erfolg des Lernens mit Lautgebärden übertragen lässt, trotz unterschiedlicher Ausprägung der Faktoren Lehrerpersönlichkeit und Schuleinzugsbedingungen. Die Übertragbarkeit der Kompensationshilfen dürfte damit erwiesen sein, allerdings begrenzt auf das Lesenlernen im ersten Schuljahr. Mit älteren Kindern, die noch keine ausreichende Buchstabenkenntnis hatten, konnten wir zwar ähnliche Erfolge erzielen, doch war die psychische

Fehler	Lautgebärden (LG)	KG	Gesamt
0 - 2	27 (25,7%)	29 (22,5%)	56 (23,9%)
3 - 5	40 (38,1%)	23 (17,8%)	63 (26,9%)
6 - 11	23 (21,9%)	37 (28,7%)	60 (25,6%)
12 - 15	9 (8,6%)	15 (11,6%)	24 (10,3%)
16 - 20	6 (5,7%)	25 (19,4%)	31 (13,2%)
	105 (100%)	129 (100%)	234 (100%)

Tabelle 5: Zusammenfassung der Ergebnisse von 4 Lautgebärden- (LG) und 4 Kontrollklassen (KG), 1977/78

Situation dieser Kinder eine andere: Sie hatten über mehrere Schuljahre keine Lernerfolge erlebt und Versagensängste aufgebaut, die überwunden werden mussten. Nach den ersten Lernerfolgskontrollen interessierte uns die Übertragbarkeit der Arbeit mit Lautgebärden und silbenweisem Dehnsprechen auf Kolleginnen, die nicht an unseren Fortbildungsveranstaltungen teilgenommen hatten, aber mit Lautgebärden arbeiteten, meist angeregt durch die Erfolge einer Kollegin ihrer Schule.

Die vierte Erfolgskontrolle: Schuljahr 1985/86

Einer der Kieler Schulräte wünschte, dass wir eine Lehrerfortbildung durchführten, in der alle Lehrkräfte, die ein erstes Schuljahr unterrichteten, für die Arbeit mit dem Kieler Leseaufbau und den Lautgebärden geschult werden sollten (Schröder, 1987). Im Schulamtsbezirk dieses Schulrats konnten wir daher fast alle Erstklasslehrer und -lehrerinnen mit den Lautgebärden vertraut machen. Nach den Osterferien des laufenden Schuljahrs erhielten diese Lehrkräfte zwei zusätzliche Stunden wöchentlich für eine Intensivför-

derung derjenigen Kinder, die mit einer diagnostischen Bilderliste als leseschwach ermittelt worden waren. Die Lehrkräfte förderten diese Kinder mit den bei uns erlernten Strategien, insbesondere mit silbengliederndem Lesen und den Lautgebärden. Da die Lehrerfortbildung weiterlief, konnten auftretende Probleme geklärt und Erfolge besprochen werden. Der Erfolg ihrer Förderung bewog eine Reihe dieser Lehrkräfte, als sie nach zwei Schuljahren erneut eine erste Klasse übernahmen, die Lautgebärden bereits von Anfang an im Erstleseunterricht zu benutzen. Die Wahl der Fibel blieb ihnen freigestellt.

Wir hatten zudem die Möglichkeit, auch Kontrollklassen für den neuen Versuch zu gewinnen, deren Lehrkräfte nicht an Lehrerfortbildungen für den Gebrauch der Lautgebärden teilgenommen hatten. Einige von ihnen setzten jedoch bereits Lautgebärden ein – offenbar angeregt durch Kolleginnen ihrer Schule.

Schließlich waren einige Kolleginnen bereit, die Lernerfolgskontrollen ihrer Klassen beizusteuern, obwohl sie weder an einer unserer Fortbildungen teilgenommen hatten, noch mit Lautgebärden arbeiteten.

Es ergaben sich nunmehr zwei Bedingungen für die nachfolgenden Erfolgskontrollen mit je zwei Alternativen:

- Besuch einer Lehrerfortbildung bei uns – ja/nein
- Keine Lautgebärden im Erstleseunterricht – ja/nein

Bei der Auswertung der Daten nach Abschluss des ersten Schuljahrs wollten wir die folgenden Fragestellungen beantworten:

- Unterscheidet sich der Leistungsstand der Klassen, deren Lehrerinnen an der vorausgegangenen Fortbildung teilgenommen, bzw. nicht teilgenommen hatten?
- Unterscheidet sich der Leistungsstand von Klassen, die mit oder ohne Lautgebärden gelernt hatten?

Eine dritte Frage, nämlich nach unterschiedlichen Lernerfolgen je nach der verwendeten Fibel, lassen wir hier außer Betracht.

Die Gesamtgruppe der beteiligten Schülerinnen und Schüler belief sich auf :

- 876 altersgerecht eingeschulte deutschsprachige Kinder,
- 163 überalterte deutschsprachige Kinder,
- 43 altersgerecht eingeschulte Kinder anderer Muttersprache und
- 35 überalterte Kinder anderer Muttersprache.

Für die Erfolgskontrollen berücksichtigten wir nur die 876 regulär eingeschulten deutschsprachigen Kinder. Für diese Gruppe errechneten wir auch die Prozentrangnormen zur diagnostischen Bilderliste.

Für die Entscheidung über die Wirksamkeit der Lautgebärden wählten wir nach einer ersten Übersicht über die Fehlerzahlen insgesamt das Niveau der knapp 19% schwächsten Leistungen aus und gliederten sie entsprechend den vier oben genannten Gruppen auf: Lernen mit fortgebildeten Lehrkräften und mit Lautgebärden, ohne Lautgebärden und nicht fortgebildete Lehrkräfte mit und ohne Einsatz von Lautgebärden.

Die Reihenfolge von den geringsten zu den höchsten Häufigkeiten auf dem niedrigsten Niveau beginnt mit den Klassen, deren Lehrkräfte den Umgang mit den Lautgebärden in einer Fortbildung kennen gelernt haben (10,5% statt der knapp 19% von Kindern der Gesamtgruppe auf diesem Niveau). An zweiter Stelle aber stehen die Klassen, deren Lehrkräfte keine solche Fortbildung hatten, jedoch mit den Gebärden gearbeitet haben (15,9% statt knapp 19% in der Gesamtgruppe).

Lehrkräfte ohne Lautgebärden gearbeitet und auch nicht an einer Fortbildung teilgenommen haben, 24,1% auf dem Niveau der knapp 19% Schwächsten in der Gesamtgruppe.

Anders ausgedrückt: Der Anteil der „Förderbedürftigen" im Sinne des hier zugrunde gelegten Grenzwerts von Prozentrang 19 (die 19%

Lehrkräfte	mit Fortbildung		Ohne Fortbildung		
Methode	mit Lautgeb.	ohne Lautgeb.	mit Lautgeb.	ohne Lautgeb.	Ges.
N von	200 Kindern	292 Kindern	69 Kindern	315 Kindern	876 (100%)
PR ‹19	21 (10,5%)	57 (19,5%)	11 (15,9%)	76 (24,1%)	165 (18,8%)

Tabelle 6: Die Verteilung der rund 19% schwächsten Leistungen in der DBL

Abgesehen davon, dass einige dieser Lehrkräfte die Arbeit mit Lautgebärden möglicherweise von ihren fortgebildeten Kolleginnen übernommen haben, ist aber doch zu erwägen, dass die Lautgebärden auch dann den individuellen Leselernprozess erleichtern können, wenn sie nicht in voller Kenntnis der Möglichkeiten dieser Hilfen angewandt werden.
Die Gruppe der fortgebildeten Lehrkräfte, die aber keine Lautgebärden anwandten, steht mit ihren Ergebnissen an dritter Stelle, mit 19,5% knapp über der Obergrenze des schwächsten Niveaus der Gesamtgruppe. Schließlich bleiben in der Gruppe von Kindern, deren

Schwächsten der Gesamtgruppe) ergibt diese Rangfolge:
I   wenn geschulte Lehrkräfte mit Lautgebärden gearbeitet hatten (10,5% gegenüber 19%);
II wenn Lehrkräfte ohne Fortbildung mit Lautgebärden arbeiteten (15,5%);
III wenn Lehrkräfte mit unserer Schulung, aber ohne Lautgebärden, gearbeitet hatten, blieben fast doppelt so viele Kinder auf dem Niveau der Schwächsten als in der 1. Gruppe (19,5% statt 10,5%);
IV Wie nach den vorausgegangenen Lernerfolgskontrollen zu erwarten, fiel die Gruppe der Schwächsten prozentual am

größten aus, wenn die Lehrkräfte ohne Schulung und ohne Lautgebärden unterrichtet hatten: Mit 24,1% erreichte hier die Gruppe der Schwächsten mehr als das Doppelte der besten Gruppe.

Insgesamt tendieren alle hier dargestellten Ergebnisse zu einer Verringerung der Häufigkeiten auf dem schwächsten Leistungsniveau, wenn Lautgebärden von entsprechend geschulten Lehrkräften als Kompensationshilfen eingesetzt wurden.

Abschließende Diskussion

Es gibt viele nicht oder nur schwer kontrollierbare Einflüsse, die den Erfolg im Erstleseunterricht mit bestimmen, z.B. die häusliche Übungszeit, hilfreiches oder falsches häusliches Üben (das zum Auswendiglernen führen kann, einer Blockierung des Erfolgs), Motivationen im Elternhaus, z.B. Bestrafung bei Misserfolg oder Ermutigung. Ferner die Motivation, die eine Lehrkraft vermitteln oder – z.B. durch Betonung der Misserfolge – versanden lassen kann, vor allem aber ein strukturierter, im Vergleich zu einem gar nicht gelenkten Unterricht, ferner der

zu Beginn der Schulzeit erreichte Stand der Ausreifung der für das Lesenlernen wesentlichen Sprachwahrnehmungsleistungen und nicht zuletzt die sorgfältige Beobachtung von Leistungsfortschritten bei den Schwächsten.

Wenn sich trotz der vielen und kaum isolierbaren Faktoren in den Lernerfolgskontrollen die Ergebnisse einer Methode durchsetzen, wie hier in verschiedenen Schülerjahrgängen und in Schulen mit unterschiedlichen soziokulturellen Einzugsgebieten, dann darf man wohl den Ergebnissen vertrauen. Nachuntersuchungen ähnlicher Art, auch in anderen Größenordnungen, sind erwünscht.

Zwar waren es in unseren Untersuchungen nicht nur die Lautgebärden. Sie wurden stets in Verbindung mit dem in Silben gegliederten Mitsprechen gezeigt. Schon die Silben scheinen bei besseren Leselernvoraussetzungen eine ausreichende Stütze des Leselernprozesses zu sein. Doch Silbengliederung allein reicht anscheinend für Kinder mit ausgeprägten Handicaps in den Leselernvoraussetzungen nicht aus. In solchen Fällen, die der klassischen Legasthenie (Linder 1951, Schenk-

Danzinger 1968) zuzuordnen sind, müssen am häufigsten Schwächen der zentralen auditiv-verbalen Verarbeitung kompensiert werden. Das bedeutet, die Dehnung des zeitlichen „Wahrnehmungsfensters" durch die Dehnung des Mitsprechens bei synchronem Zeigen der Lautgebärden dürfte ein wesentlicher Effekt dieser Kompensationshilfe sein.

In Tabelle 6 zeigte sich allerdings, dass die Lautgebärden allein, ohne Schulung der Lehrkräfte, den Lernerfolg der Klassen an die zweite Stelle rücken ließen. Dieser Rang spricht für einen deutlicheren Erfolg als den der bei uns fortgebildeten Lehrerinnen, die auf die Lautgebärden verzichtet haben. Sie erreichten den 3. Rang. Man könnte daraus schließen, dass diejenigen Lehrkräfte, die ohne Schulung mit den Lautgebärden gearbeitet haben, von ihren Kolleginnen mit den Gebärden auch die in der Fortbildung vermittelten Strategien übernommen haben, oder, dass die Lautgebärden wegen der Verlangsamung des Leseprozesses den größeren Effekt gegenüber der Schulung allein hervorgerufen haben.
In einer auf die jüngeren Ergebnisse der Hirnforschung sich stützenden

Theorienbildung zum Prozess des Lesenlernens wird man eine Leselerntheorie entwickeln können, in der die Ebene der zentralen Wahrnehmungsverarbeitung für Sprache und Schriftsprache berücksichtigt wird. Damit könnte die „Lesetechnik" wieder eine eigene wissenschaftliche „Würde" gewinnen. Gegenüber dem Grundsatz „Lesen bedeutet Sinnentnahme", also Verstehensleistungen, war sie lange Zeit ein Stiefkind der Lesedidaktik.

Geht man davon aus, das gerade bei den schwächsten Lesern die Gefahr des längerfristigen Scheiterns besteht, müsste bereits angesichts der hier vorgelegten Ergebnisse die Arbeit mit Lautgebärden im Erstleseunterricht generell befürwortet werden. Zu danken ist in diesem Zusammenhang den Verlagen, die Fibeln oder Erstlese-Werke veröffentlicht haben, in denen die Silbengliederung betont wird. Diese Fibeln haben bereits Leselernerfolge bewirkt. Sie können daher auch bei förderbedürftigen Kindern eingesetzt und dann mit Lautgebärden verbunden werden.

Abschließend sei mit Dank darauf hingewiesen, dass wir im Verlauf der Entwicklung unseres Förderkonzepts wesentliche Anregungen von Frau Heide Buschmann und Frau Carola Reuter-Liehr aufgenommen und in unserer Arbeit umgesetzt haben.

Literatur

Angermaier, M. (Hg.)(1976): Legasthenie. Das neue Konzept der Förderung lese-rechtschreib-schwacher Kinder in Schule und Elternhaus. *Frankfurt a. M.: Fischer Taschenbuch*

Bosch, B. (1961): Grundlagen des Erstleseunterrichts. *Ratingen: Henn*

Brügelmann, H. (1984): Lesen- und Schreibenlernen als Denkentwicklung – Voraussetzungen eines erfolgreichen Schrifterwerbs. *Zeitschrift für Pädagogik, 30, 69 – 91.*

Dehn, M. (1988): Zeit für die Schrift. *Bochum: Kamp*

Dummer, L. (1978): Lautgebärden als psychomotorische Hilfen. *Die Grundschule, H.10, S. 443 – 444.*

Dummer, L. (1983): Die Erfolge im Leselernprozess bei Wiederholern aus ersten Klassen. *In: Texte zur Schulpsychologie und Bildungsberatung: Kongressbericht d. 5. Bundeskonferenz für Schulpsychologie u. Bildungsberatung. Braunschweig: Agentur Pedersen.*

Dummer-Smoch, L.: (1989) Lautgebärden im Erstleseunterricht. *In: Broich R.P.; Kroppenberg, D; Borbonus, Th.: Förderung Sprachbehinderter – Modelle und Perspektiven. Tagungsbericht der XVIII. Arbeits- und Fortbildungstagung der gs 1988 in Mainz.*

Dummer-Smoch, L. (1993): Kompensatorische Leselernhilfen für Legastheniker. *Konzeption und Erfahrungen mit dem Kieler Leseaufbau. Forum Logopädie. H. 1, S. 14 – 21.*

Dummer-Smoch, L. (1995): Vergleichsuntersuchungen zum Erfolg im Leselernprozess. *In: Niemeyer, W. (Hg.): Kommunikation und Lese-Rechtschreibschwäche. Bochum: Winkler.*

Dummer-Smoch, L. (1999): Kompensatorische Hilfen beim erschwerten Schriftspracherwerb. *In: Deutsche Gesellschaft für Sprachheilpädagogik e.V., Landesgruppe Sachsen (Hg.): Sprachheilpädagogik über alle Grenzen – Sprachentwicklung in Bewegung (Kongressbericht), Würzburg: edition von freisleben. S. 438 – 444.*

Dummer-Smoch, L. (2000): Förderdiagnostische Begleitung der Lernprozesse beim Schriftspracherwerb. *In: Haase, P.: Schreiben und Lesen sicher lehren und lernen. Dortmund: borgmann, S. 254 – 265.*

Dummer-Smoch, L. (2000): Lese-Intensivmaßnahmen oder LRS-Klassen – eine Alternative? *In: Haase, P.: Schreiben und Lesen sicher lehren und lernen. Dortmund: borgmann, S. 421 – 452.*

Galaburda, M.A. & Eidelberg, D. (1982): Symmetry and asymmetry in the human posterior thalamus. II. *Thalamic lesions in a case of developmental dyslexia. Archives of Neurology, 39, 333 – 336.*

Galaburda, A. M., Sherman, G. F., Rosen, G. D., Aboitiz, F. & Geschwind, N. (1985): Developmental dyslexia: Four consecutive patients with cortical anomalies. *Annals of Neurology, 18, 222 – 333.*

Koch, J. & M.: (o.J.): Lesen als Gebärdenspiel. *Dortmund*

Kemmler, L. (1967): Erfolg und Versagen in der Grundschule. *Göttingen: Hogrefe.*

Luria, A.R. (1970): Die höheren kortikalen Funktionen des Menschen und ihre Störungen bei örtlichen Hirnschädigungen. *Berlin: VEB Deutscher Verlag der Wissenschaften.*

Paulesu, E., Frith, U., Snowling, M., Galagher, A., Morton, J., Frackowiak, R. S. J. & Frith, C. D. (1996): Is developmental dyslexia a disconnection syndrome? *Brain, 119, 143 – 157.*

Pöppel, E. (1987): Time perception. *In: Encyclopedia of Neuroscience. Boston: Birkhäuser, 1215 – 1216.*

Schenk-Danzinger, L. (1991): Legasthenie. Zerebral-funktionelle Interpretation, Diagnose und Therapie (2. Aufl.). *München: Reinhardt.*

Schröder, W. (1987): Vermeidung von Schulversagen – Maßnahmen an den Grundschulen ind Kiel. *In: Dummer, L.: Legasthenie. Bericht über den Fachkongress 1986. Hannover: Bundesverband Legasthenie, S. 297 – 304.*

Spitzer, M. (2006): Lernen. Gehirnforschung und die Schule des Lebens. *Heidelberg: Spektrum Akademischer Verlag.*

Steinbüchel N. v. , Wittmann, M. & Landauer, N. (2000): Diagnose und Zeit-Training bei Grundschülern mit Lese- und Rechtschreibschwäche. *In: Haase, P. (Hg.) (2000): Schreiben und Lesen sicher lehren und lernen. Dortmund: borgmann.*

Tacke, G. (2007): Die Wirksamkeit von Trainingsprogrammen und Übungen zur Rechtchreibung: wissenschaftliche Studien und praktische Erfahrungen. *In: Schulte-Körne (Hg.) (2007): Legasthenie und Dyskalkulie: Aktuelle Entwicklungen in Wissenschaft, Schule und Gesellschaft. Bochum: Winkler.*

Tallal, P. (1980): Auditory temporal perception, phonic and reading disabilities in children. *In: Brain and Language 9, 182 – 198.*

Rhythmik – Zusammenhänge zur Silbenmethode im Lese- und Schreibunterricht

Mag. Ruth Klicpera

Als ich die Literatur zur Silbenmethode im Lese- und Schreibunterricht kennen lernte, konnte ich Querverbindungen zur Rhythmik herstellen. Im Folgenden wird Rhythmik als fächerübergreifendes Prinzip vorgestellt und mit der Silbenmethode im Lese- und Schreibunterricht in Zusammenhang gebracht.

Rhythmik – ein fächerübergreifendes (Unterrichts-) Prinzip in der Volksschule

1. Was ist Rhythmik?

Rhythmik ist ein fächerübergreifendes Prinzip, welches Entwicklungsprozesse für die Persönlichkeit in ihren kognitiven, motorischen und affektiv-sozialen Fähigkeiten gleichermaßen in Gang setzt und fördert. Dieses mehrdimensionale (Unterrichts-) Prinzip arbeitet mit der Verbindung von Musik, Bewegung, Sprache und Materialien und berücksichtigt die Wechselwirkung von körperlicher und psychischer Verfassung.

Das Prinzip Rhythmik wird als ein ständig begleitender Leitgedanke und eine konstante Grundlage für die Planung und Durchführung des gesamten Unterrichts gesehen. Rhythmik ermöglicht eine grundlegende und ausgewogene Bildung im sozialen, emotionalen, intellektuellen und körperlichen Persönlichkeitsbereich.

- Rhythmik kann stoffliche, methodische und erzieherische Ziele individuell kombinieren.
- Rhythmik kann fächerübergreifend angewendet werden.
- Rhythmik gestaltet den Unterricht durch verschiedenste Lernformen kindgemäß, lebendig und anregend. Rhythmik berücksichtigt entwicklungsbedingte Lernvoraussetzungen.
- Rhythmik entwickelt soziale Handlungsfähigkeiten und Vertrauen in die eigenen Fähigkeiten.
- Rhythmik erweitert sprachliche Fähigkeiten (Kommunikationsfähigkeit, Ausdrucksfähigkeit).
- Rhythmik entfaltet die Kreativität und fördert Begabungen (Klicpera 2005, 6f).

2. Lernen in der Rhythmik

2.1 Methodisch-didaktische Grundlagen

Lernen in der Rhythmik wird als komplexer Prozess verstanden. Darüber hinaus gibt es methodisch-didaktische Merkmale, die für die Arbeitsweise der Rhythmik charakteristisch sind.

2.1.1 Pädagogischer Grundsatz

Die Rhythmik arbeitet nach dem pädagogischen Grundsatz: „Erfahren – Erkennen – Benennen" (Glathe und Krause-Wichert 1989, 23 und 1997, 27) Zuerst werden in der Rhythmik Erfahrungen gemacht. Das heißt, Lernen basiert auf einer konkreten, handelnden Erfahrung in Bewegung, die in Bezug zum Thema steht. Materialien haben einen auffordernden Charakter, wecken die Aufmerksamkeit der Kinder und regen zum Experimentieren an. Das Kind sammelt Erfahrungen im Umgang mit dem Material. Eine musikalische Begleitung unterstützt die Bewegungsideen der Kinder und führt den pädagogischen Weg weiter zum Erkennen.

Das Kind entdeckt die Freude an der Wiederholung, welche durch die Musik unterstützt wird, und kommt so über das Erkennen zum Benennen, das heißt zum Bewusstwerden und zum bewussten Handeln. Die Begriffsbildung findet immer über die motorische Erfahrung und das anschließende Erkennen statt. Dadurch wird eine handlungsorientierte Vorgehensweise zum Erreichen von Lernzielen ermöglicht.

In diesem Zusammenhang haben das divergente Denken und die Kreativität für die Schülerinnen und Schüler eine entscheidende Bedeutung.

2.1.2 Divergentes Denken – Kreativität – Improvisation

Das methodische Denkmodell der Rhythmik hält sich an ein divergentes Lösungsverfahren.
Konvergentes Denken setzt eine klare Ausgangsfrage voraus, dessen Lösungsweg eindeutig vorgegeben ist: Das Denken hat einen bestimmten Weg zu finden und ihn zu befolgen, denn anders gelingt die Lösung nicht.
Divergentes Denken bietet ebenfalls eine klare Ausgangsfrage,

statt einem einzigen gibt es aber mehrere Lösungswege. Die Schülerin, der Schüler hat sich für einen Weg zu entscheiden und soll ihren, seinen eigenen Weg finden, der ihren/seinen individuellen Möglichkeiten entspricht. Auf diesem Weg gibt es zusätzlich verschiedene Abweichungen, die immer wieder zu einer anderen Lösung ermutigen (Siegenthaler & Zihlmann 1982). Das Finden verschiedener Lösungswege ist dem Entwickeln kreativer Fähigkeiten gleichzusetzen. Kreativität ist eine schöpferische Fähigkeit produktiv zu denken und zu handeln, etwas Neues hervorzubringen. Im Rhythmikunterricht werden Situationen geschaffen, die durch ein spielerisches Experimentieren zum spontanen Agieren und Reagieren auffordern (Witoszynskyj et al. 2003). Im Laufe der Entwicklung wird das schöpferische Handeln als eine selbstbestätigende Leistung erlebt und fördert das emotionale Gleichgewicht.

2.1.3 Kommunikation – soziales Lernen

Rhythmikunterricht findet in der Regel in Gruppen statt. Die Aufgaben werden so gestellt, dass sie mit einem Partner, einer Partnerin, beziehungsweise in der Kleingruppe gelöst und der Klasse präsentiert werden. Es gibt eine Vielfalt an Partner- und Gruppenaufgaben, welche in jeder Rhythmikstunde den Schülerinnen und Schülern Kommunikation und soziales Lernen ermöglichen.

Sich selbst wahrnehmen, „ICH und DU", Auseinandersetzung mit einem Partner, „ICH und WIR", Auseinandersetzung mit der Gruppe gehören zu den Teilzielen sozialer Kompetenzen (Danuser-Zogg 2002, 117). Für die Schule bedeutet dies, dass die Lehrerin, der Lehrer je nach Bedarf der Klassensituation die Schwerpunkte bewusst planen kann. So können Sachthemen mit Partner, Partnerin oder Gruppe erarbeitet, oder umgekehrt kommunikative Fähigkeiten über das fachliche Thema erlernt werden. Im optimalen Fall wird für das Kind beides ermöglicht, denn auch die Komplexität von ganzheitlichem Lernen verlangt Sozialerfahrungen. Möchte die Lehrerin, der Lehrer den Lehrstoff in einer positiven Lernatmosphäre für Schülerinnen und Schüler ganzheitlich, kreativ und mit sozialen Anteilen anbieten, verlangt das spezielle Fähigkeiten der Lehrperson.

2.1.4 Die Rolle der Lehrerin, des Lehrers

Hier geht es um die Grundeinstellung der Lehrerin, des Lehrers zum Kind. Es geht darum, sich an den emotionalen Bedürfnissen des Heranwachsenden zu orientieren, eine druckfreie Atmosphäre zu schaffen, die der Klasse Raum lässt, sich an den gestellten Aufgaben zu erproben, dass kreatives Verhalten gefördert wird und soziales Lernen möglich ist. Dies ruft nach einem partnerschaftlichen Führungsstil, der die Wechselwirkung Lehrerin/Lehrer-Gruppe-Einzelner zulässt und in das Geschehen einbezieht. Diese unterschiedlichen pädagogischen Ansprüche verlangen ein variables Erzieherverhalten, Einfühlungsvermögen, Fantasie, Flexibilität und die Fähigkeit zur Improvisation, in unvorhergesehenen Situationen Aufgaben zu variieren.

2.1.5 Planen von Unterricht

Der Aufbau einer Rhythmikstunde ist mit einem Musikstück vergleichbar. *„In einer Einführung wird das Thema vorbereitet, das sich in der Durchführung und Verarbeitung kontinuierlich steigert und zu einem Höhepunkt mit abschließendem Ausklang gelangt."* (Glathe und Krause-Wichert 1997, 15). Anders gesagt bietet sich für eine entwicklungslogische Planung von Lernprozessen eine Gestaltung in drei Phasen an: **Einstieg – Verweilen (Verarbeiten) – Ausklang**.

Beim Einstieg geht es um ein Einschwingen, Erfassen, Begreifen, die Welt verinnerlichen, das Wahrnehmen des Themas. Das Verweilen (Verarbeiten), „Bei-der-Sache-Sein" (Siegenthaler & Zihlmann 1982, 42f) richtet die Konzentration auf den Lerninhalt. Im Ausklang kommt es zum Höhepunkt mit den verschiedenen Ausdrucksmöglichkeiten wie Bewegen, Musizieren, Sprechen, Malen ... und der Lerninhalt wird mit bereits Erlebtem und neuen Zusammenhängen verbunden.

Diese drei Phasen als Planungsgrundlage von Rhythmikstunden machen deutlich, dass jedes Erarbeiten oder Vertiefen eines Themas immer wieder bekannte oder neue Eindrücke zum Einstimmen im Einstieg braucht; genügend Zeit zum vielfältigen Verarbeiten der Lerninhalte (z.B.: mit allen Sinnen, mit Partner oder Gruppe, mit unterschiedlichen Materialien) den Schülerinnen und Schülern gegeben werden soll; Erlerntes und Erlebtes mit verschiedenen Ausdrucksmöglichkeiten in neuen Zusammenhängen allein, mit Partner oder Gruppe gezeigt wird.

Der Ausklang stellt in diesem Sinn auch eine Überprüfung der Lernziele dar. Die Lehrerin/der Lehrer kann bei der Präsentation der Gestaltung beobachten, welche Lern- und Entwicklungsschritte die Schülerin, der Schüler gemacht hat oder noch braucht.

2.2 Theoretische Grundlagen

Ein Überblick über wesentliche Erkenntnisse aus der Neuro-, Entwicklungs- und Lernpsychologie macht einerseits die Komplexität von Lernen bewusst und zeigt andererseits, dass Rhythmikunterricht auf neuen wissenschaftlichen Untersuchungen basiert. Wahrnehmen und Handeln, Aufmerksamkeit und Gedächtnis, Sprache, Denken, Lernen und das Verhalten allgemein stellen gerade jene Bereiche dar, mit denen Pädagoginnen und Pädagogen täglich zu tun haben. Ein Kind kommt in die Schule um zu lernen. Tatsächlich hat sein Nervensystem schon lange vor der Geburt damit begonnen. Wesentlich früher als erst mit dem Schuleintritt hat das Gehirn die Voraussetzungen und Fähigkeiten zum Erlernen spezifischer Dinge wie

Lesen, Schreiben und Rechnen entwickelt. Durch kognitive Strukturen ist der Mensch befähigt, die Informationsflut zu strukturieren und zu systematisieren, Informationen zu gewichten, Wissen zu ordnen, den Erkenntnis- und Lernprozess abzukürzen, die Übertragung des Gelernten auf neue Situationen anzuwenden.

Frederic Vester, der bekannte Lernbiologe, spricht von einem „Netzwerk des Lernens" (Vester 2002, 122 – 176) und zeigt die Verflechtung aller Phänomene, die mit unserer Gehirnaktivität verknüpft sind und was im Unterricht, beim Erarbeiten eines neuen Stoffgebiets beachtet werden soll. Zunächst entscheidet das Grundmuster des Lernens den „Lerntyp", geformt durch Erbanlagen und Lernumwelt. Dieser eigene Prozess, Informationen aufzunehmen, zu speichern, wieder abzurufen und zum Ausdruck zu bringen, nennt Dawna Markova, eine in den USA bedeutende Wahrnehmungspsychologin, „persönliches Denkmuster." (Marcova 2001, 29 – 51). Es ist nicht erforscht, warum das Gehirn eines Menschen ein bestimmtes Muster auswählt, aber es ist offensichtlich, dass es am wirksamsten und erfolgreichsten arbeiten kann, wenn es bei der

Verarbeitung von Gedanken „einem gewohnten sensorischen Pfad folgt." (Marcova 2001, 51)

Für neue Informationen ist die sinnliche Wahrnehmung als Grundlage kindlichen Handelns von Bedeutung. Die Sinne sind die Nahtstellen zwischen innen und außen, zwischen dem Menschen und der Umwelt. Renate Zimmer, Expertin der frühkindlichen Bewegungserziehung, fordert, die sinnlichen Erfahrungen zum Ansatzpunkt eines didaktischen Konzeptes zu machen (Zimmer 2000). Die Sinne brauchen Übung, um sensibel wahrzunehmen, und stumpfen ab, wenn sie nicht benutzt werden. Die Kinder werden einerseits von Eindrücken speziell des Sehens und Hörens überschwemmt, andererseits haben sie kaum Gelegenheit, die Menge an Informationen mit ihrem Körper und im eigenen Tun zu verarbeiten. Die Entwicklung der kindlichen Wahrnehmung kann als Prozess zunehmender Differenzierung der Sinnesleistungen und ihrer gleichzeitigen Integration beschrieben werden. Diese Sinnesintegration ist das Ordnen von Empfindungen und entscheidet über Lernen und Verhalten. Erfolgt der Empfindungsfluss unorganisiert, hat dies ungünstige Auswirkungen auf das weitere Leben. Nach Jean Ayres, einer bedeutenden Psychologin, ist die „Sensorische Integration" (Ayres 1998, 7) die wichtigste Weise sinnlicher Verarbeitung.

Aber auch Hormonreaktionen und Gefühle bestimmen den Lernerfolg. Wirken Stresssituationen auf unser Lernen ein, entstehen Denkblockaden und Frustrationserlebnisse. Die Verknüpfung mit Gefühlen ist dann für das Lernen sinnvoll, wenn der neue Lerninhalt mit vertrauten, angenehmen Begleitinformationen verbunden wird, und sich dann deshalb weitaus besser im Gehirn verankern und später wieder finden lässt. Was dann sogar ein kleines Erfolgserlebnis, das Gefühl des Wiedererkennens, vermittelt, bedeutet nach Frederic Vester eine „positive Hormonlage" (Vester 2002, 146). Ingeborg Milz, die Neuropsychologin, verweist darauf, dass Wahrnehmungen, die unter positiven erregenden Umständen gemacht werden, sich tiefer einprägen und besser behalten werden als unter normal erlebten Situationen (Milz 1998).
Eine ebenso wichtige Rolle spielen entwicklungspsychologische Grundlagen. Das Nachdenken über die Struktur des Denkens, über Denkgewohnheiten und Denk-

schemata sowie deren Bedeutung für Lernen und Erziehung geht vor allem auf den Schweizer Psychologen und Pädagogen Jean Piaget zurück (Piaget, 1972, 259 – 268). Piaget ging davon aus, dass Lernen in Stufen geschieht und an Entwicklungsstufen des Kindes gebunden ist. Erst nach und nach ist der Mensch in der Lage, strukturell zu lernen, Schemata zu bilden und Denkoperationen durchzuführen. Heute sieht man von einer strengen Einteilung nach Altersgruppen ab. Harald Eichelberger, Experte der Reformpädagogik, und Marianne Wilhelm, Expertin der Inklusiven Pädagogik, orientieren sich an den Gesetzmäßigkeiten der kindlichen Entwicklung und sehen eine Entwicklungsdidaktik als eine lebendige Didaktik, die immer wieder neu angepasst wird. Daher sollte es nicht mehr darum gehen, dass die Kinder dem Stoff folgen, sondern der Unterricht sollte sich an den Entwicklungsbedürfnissen der Schülerinnen und Schüler orientieren (Eichelberger & Wilhelm 2003). Das (Unterrichts-)Prinzip Rhythmik ermöglicht die Anforderungen für Lehren und Lernen zu erfüllen.

3. Bedeutung der Rhythmik für das Lernen

Aus der Neuro-, Entwicklungs- und Lernpsychologie ergeben sich für die Unterrichtsgestaltung nach dem rhythmischen Prinzip folgende Erkenntnisse:

1. Erkenntnis:

Lernen ist eine Funktion des gesamten Nervensystems. Die Integration sinnlicher Erfahrungen ist die Grundlage kindlichen Handelns. Das Körperbewusstsein ist für die seelische und körperliche Entwicklung von großer Bedeutung.

Rhythmik ist Lernen mit dem Körper und mit allen Sinnen

2. Erkenntnis:

Es gibt unterschiedliche Lerntypen. Jeder geht einen eigenen Weg beim Lernen, Informationen aufzunehmen, zu speichern und wieder auszudrücken. Je mehr Eingangskanäle für das Verarbeiten einer Information genutzt werden, desto vielfältiger wird der Lernenden, dem Lernenden ermöglicht, den angebotenen Lernstoff in die Sprache und in die Assoziationsmöglichkeiten ➲

ihres, seines eigenen Grundmusters zu übersetzen.

Rhythmik ermöglicht allen Lerntypen das Lernen durch einen ganzheitlichen Unterricht.

3. Erkenntnis:

Lernen soll sich an der kindlichen Entwicklung orientieren und den Bedürfnissen der Kinder lebendig angepasst werden.

Rhythmik ist ein entwicklungsbegleitendes didaktisch-methodisches Konzept.

4. Erkenntnis:

Wird beim Lernen auch die Gefühlswelt beachtet, entstehen beim Lernenden Erfolgserlebnisse, welche das Denken anregen und das Lernen verbessern. Im Besonderen hat die Musik eine positive Wirkung auf die Emotion. In Verbindung mit Bewegung kann Musik sinnvoll für das Lernen genützt werden.

Rhythmik wirkt durch Musik und Bewegung anregend und somit positiv auf die Gefühlswelt und den Lernprozess.

4. Rhythmik als Prinzip im Deutschunterricht

Musik und Sprache treten in der Rhythmik mit der Bewegung in eine enge Wechselbeziehung, sie können auf sehr dezente und differenzierte Weise über Rhythmus, Takt, Tempo, Artikulation, Lautstärke, Klang, Form und Melodie die Bewegung beeinflussen, sie anregen, stimulieren, beschwichtigen, verändern ... Umgekehrt können auch Impulse aus der Bewegung auf Musik und Sprache übergehen. Da ein Zusammenhang zwischen Motorik und Sprechen besteht, ist es auch notwendig, die allgemeine motorische Entwicklung zu fördern. Das Medium Sprache in Form einfacher Lautverbindungen, Silben, Wörter und Sätze, in Form von Reimen und Gedichten, Liedern, Geschichten und Märchen bietet ebenso Möglichkeiten, Grob- und Sprechmotorik zu verbinden, darüber hinaus semantisch Sinnhaftes zu erleben und auf vielfältige Weise zu gestalten sowie Sprache in der Gruppe als Kommunikationsmittel zu erleben und zu betätigen. Die Vielfalt der körperlichen Bewegungsmöglichkeiten, des menschlichen Erfahrungs- und Ausdrucksverhaltens kann Grundlage intensiver Lern- und Entwicklungsprozesse sein.

Körperbewusstsein ist eine wesentliche Voraussetzung für die Wahrnehmung.

Im Folgenden wird gezeigt, wie mit der Arbeitsweise der Rhythmik Lehrplanziele aus Deutsch erarbeitet, vertieft, unterstützt, geübt und verwirklicht werden. Die Gliederung orientiert sich an den Lehrplanbereichen für Deutsch.

Folgende Inhalte und Übungen der Rhythmik können das Sprechen und Lesen fördern:

- Atemspiele, Sprechübungen, Laute richtig bilden
- Artikulation von Sprachelementen: Vokale, Konsonanten und Silben
- Bewegungsbegleitung mit Sprachelementen
- Verse, Reime, Sprechformen in Verbindung mit Bewegung und Musik
- Sprache in Verbindung mit Rhythmen und Taktarten
- Spielerischer kreativer Umgang mit Sprache
- darstellendes Spiel, szenische Gestaltung ...
- Erlebnisse, Beobachtungen und Gefühle mitteilen
- Schulung von Hören und Verstehen über die Musik und Bewegung

- Bedürfnisse, Wünsche, Empfindungen und Emotionen äußern
- Gefühle, Empfindungen und Emotionen anderer verstehen und beschreiben ...
- Erweitern des Wortschatzes
- Begriffsbildung: benennen, beschreiben und vergleichen von Wahrgenommenem (Gesehenes, Gehörtes, Gespürtes)

Folgende Übungsformen der Rhythmik unterstützen das Schreiben:

- Schreibformen in Verbindung mit grob- und feinmotorischen Bewegungen
- Bewegungsrichtungen und Bewegungsformen wie: Ornamente, Motive, Buchstaben
- Formerfassung in Verbindung mit Spielobjekten: Seile, Tücher, Stäbe, Bänder ...
- Lockerungsübungen für Schulter-, Arm-, Hand- und Fingermuskulatur
- Schulung der Auge-Hand-Koordination
- spielerische Übungen zur Entwicklung des Körperbewusstseins

Die Rhythmik fördert das Verfassen von Texten durch:

- schriftliches Festhalten von Gestaltungsaufgaben, situationsbezogene Formulierungsübungen
- kreatives Schreiben – zum Beispiel Gefühle zu musikalischen Eindrücken niederschreiben
- Gestaltungsaufgaben zum Schreibanlass machen

Das Rechtschreiben wird durch folgende Übungen der Rhythmik unterstützt:

- Spiele zur akustischen, optischen und sprechmotorischen Differenzierung
- Lautunterscheidungsspiele von Sprachelementen und deren Verbindung zur Rechtschreibung
- Bewegungsspiele: kurz-lang, hart-weich ...
- Bewegungsspiele zur Interpunktion, Trennung und Groß- und Kleinschreibung

Ausgewählte Themen der Rhythmik können der Sprachbetrachtung zugeordnet werden:

- Spiele zu Wortarten, Sätze bauen und umgestalten, Zeitformen gegenüberstellen

- Wortfelder mit Musik- und Bewegungsspielen sammeln (Klicpera 2007)

5. Silbenmethode im Lese- und Schreibunterricht der Volksschule.

Aus dem methodisch-didaktischen Verständnis der Rhythmik kann die Silbenmethode in der Sprachentwicklung im Kindergarten und im Lese- und Schreibunterricht der Volksschule nur unterstützt werden. Diese Methode fördert eine Vielzahl von motorischen, sensorischen, affektiven und kognitiven Fähigkeiten und Fertigkeiten für das Sprechen-, Lesen- und Schreibenlernen.

Das sprachdidaktische Unterrichtsmodell der Silbenmethode geht vom rhythmischen Sprechen der Silben aus, erweitert durch das Sprechen mit synchronem Klatschen und überträgt das Rhythmisieren auf den ganzen Körper. Keine Frage, dass durch Musik ein maximaler Lernerfolg erzielt werden kann und diese Methode mit einfachen Übungen bereits im Kindergarten regelmäßig angewendet werden soll.

Die Silbenfibel ABC der Tiere und das zugehörige Arbeitsheft bieten silbenmethodische Übungen an, die dem rhythmischen Prinzip entsprechen. Durch die Koordination von Silbensprechen und Silbenschreiben wird der Schreibprozess ganzheitlich unterstützt und fördert im Besondern die Wahrnehmung für Besonderheiten der Schreibung, wie zum Beispiel von Doppelkonsonanten, ck, tz, ie und Dehnungs-h. Des Weiteren möchte ich auf die rhythmischen Übungen mit den Kontrastwortpaaren hinweisen, die das Bewusstsein für die Orthografie schärfen. Durch die Gegenüberstellung und Wiederholung von kurzen und langen Silben werden die rhythmischen Muster verinnerlicht und fördern nachhaltig den Lernerfolg. So führt aus Sicht der Neurowissenschaften dieser ganzheitliche Lernprozess zu einer starken Hirnaktivität und sorgt für eine Verfestigung der Verknüpfungen im Gehirn, das Gelernte wird so dauerhaft aufgenommen. Aus Sicht der Rhythmik entspricht die Silbenmethode dem rhythmischen Prinzip.

Die Silbenmethode im Lese- und Schreibunterricht

- ist Lernen mit dem Körper und mit allen Sinnen.
- ermöglicht allen Lerntypen das Lernen durch einen ganzheitlichen Unterricht.
- entspricht den Bedürfnissen der Kinder.
- wirkt durch Musik und Bewegung anregend und somit positiv auf die Gefühlswelt und den Lernprozess.

Aus der Erfahrung mit Rhythmus und Sprache wissen wir, dass jede Altersgruppe zum spontanen Mitmachen motiviert werden kann. Sprache wird durch Rhythmus bestimmt und Rhythmus spricht den Menschen emotional stark an. Das ist die Erklärung für die einzigartige Motivation und Nachhaltigkeit dieser Methoden.

Literatur

Ayres, J., (1998): Bausteine der kindlichen Entwicklung. Berlin, Springer

Danuser-Zogg, E. (2002): Musik und Bewegung. Struktur und Dynamik der Unterrichtsgestaltung. Sankt Augustin, Academia Verlag

Eichelberger, H. & Wilhelm, M. (2003): Entwicklungsdidaktik. Alle Kinder gehen ihren Weg. Wien, öbv & hpt

Glathe, B. & Krause-Wichert, H. (1989), Rhythmik, Grundlagen und Praxis. Seelze-Velber, Kallmeyer

Glathe, B. & Krause-Wichert, H. (1997): Rhythmik und Improvisation. Seelze-

Velber, Kallmeyer

Klicpera, R. (2005): Rhythmik ein fächerübergreifendes Prinzip. *Wien: Lernen mit Pfiff*

Klicpera, R. (2006): Rhythmik im Mathematikunterricht. *Wien: Lernen mit Pfiff*

Klicpera, R. (2007): Rhythmik im Deutschunterricht. *Wien: Lernen mit Pfiff*

Markova, D. (2001): Wie Kinder lernen. *Freiburg: VAK Verlag*

Milz, I. (1998): Neuropsychologie für Pädagogen. Neuropsychologische Voraussetzungen für Lernen und Verhalten. *Dortmund: Borgmann*

Piaget, J. (1972): Psychologie der Intelligenz. *Paris: Klett-Cotta*

Siegenthaler, H. & Zihlmann, H. (1982): Rhythmische Erziehung. *Hitzkirch: Comenius-Verlag*

Vester, F. (2002): Denken, Lernen, Vergessen. *München: Deutscher Taschenbuch Verlag*

Witoszynskyj, E., Schindler, G. & Schneider M. (2003): Erziehung durch Musik und Bewegung. *Wien: öbv & hpt*

Zimmer, R. (2000): Handbuch der Sinneswahrnehmung. *Freiburg: Herder*

Die Silbe in Akzent und Rhythmus

Prof. Dr. Theo Vennemann

Einleitung: Die Silbe in Phonotaktik und Prosodie

Die Silbe spielt eine wichtige Rolle in der Phonologie. Mit ihrer Hilfe lassen sich viele der Eigenschaften beschreiben, die den speziellen Charakter einer Sprache, ihre Physiognomie, ausmachen. Hier geht es um die heutige deutsche Standardsprache.

Zu den silbenbasierten Eigenschaften gehören in erster Linie die phonotaktischen Beschränkungen, z.B.:

1. Bei Konsonantengruppen in Kopf und Koda, von wohlbestimmten Appendizes (s/ in S/kat, Klop/s, ∫ in S/pan, S/tahl, hüb/sch, Gluck/sch) abgesehen, nimmt die konsonantische Stärke im Kopf der Silbe monoton ab, in der Koda der Silbe monoton zu; z.B. tr- im Kopf (!treu, *rteu), aber -rt in der Koda (!hart, *hatr).

V — Vokale: /a e i o u ä ö ü/
F — Frikative: /f s ∫ ç χ, v ɛ ʒ/
P — Plosive: /p t k, b d g/

2. Von bestimmten erklärbaren Ausnahmen abgesehen, fällt die Silbengrenze bei intervokalischen Konsonantengruppen unmittelbar vor oder in den stärksten Konsonanten; z.B. Ta.tra, Mar.ta, Er.le, Hal.ma, Es.trich, Em.ma, Mat.te, Het.trich. (In den letzten drei Beispielen ist der stärkste Konsonant ambisyllabisch, ein Gelenk, worauf ich unten zurückkomme.)

3. In der Koda sind Obstruenten stimmlos: Lie[b]e, aber Lie[p]. ling; ja.[g]en, aber Ja[k].den, Ja[kt], ja[kt].bar.

Zu den silbenbasierten Eigenschaften gehören aber auch die prosodischen Beschränkungen des

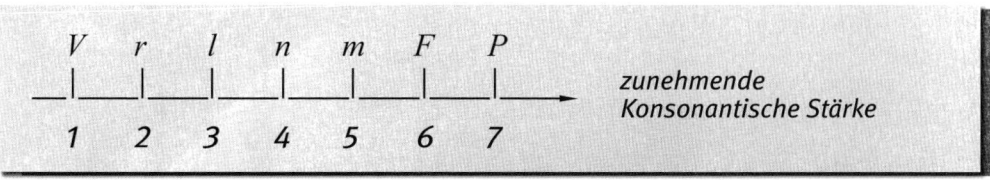

Abbildung 1: Partielle Skala der Konsonantischen Stärke für das Standarddeutsche

Wortakzents für Simplizia, d.h. für unzusammengesetzte Wörter. Von ihnen handelt dieser Artikel.[1]

1. Die Dreisilben-Regel

Die erste zu behandelnde Regel nimmt nur auf die Anzahl der Silben und ihre Position im Wort Bezug, während die nachfolgenden Beschränkungen auch gegenüber bestimmten internen Eigenschaften der Silben sensitiv sind.

> ### Dreisilben-Regel
> Nur die letzten drei Silben eines Simplex können den Wortakzent tragen.

−1 *Café, Büro, Hermelin, Paradies, Miramar, Halali, Aperçu, Alphabet, Kladderadatsch, Tandaradei*

−2 *Kaffee (auch Kaf.'fee), Europa, Romano, Valuta, Bikini, Mississippi, Manitoba, Serengeti, Nebukadnezar*

−3 *Pinguin, Kanada, Kanapee, Dorothee, Rimini, Jaguar, Totila, Allotria, Amerika, Melchisedech, Jerusalem, Gethsemane, Genezareth, Hattuschili, Analysis, idealiter*

Auf der Ultima (−1), der Pänultima (−2) und der Antepänultima (−3) betonte Simplizia sind wohlgeformt, aber auf einer prä-antepänultimalen Silbe (−4, −5, …) betonte Wörter sind es nicht.[2]

−4 **'A.na.ly.sis, *'Al.lo.tri.a, *'A.me.ri.ka, *'Je.ru.sa.lem, *'Mel.chi.se.dech, *i.'de.a.li.ter*

−5 **'i.de.a.li.ter*

Diese Regel ist sehr stark. Ein Wort wie *Analysis*, das auf der drittletzten Silbe (−3) betont wird *(A.'na.ly.sis)*, könnte auch auf der zweitletzten Silbe (−2) betont sein *(A.na.'ly.sis)*; auch die Betonung der letzten Silbe (−1) wäre möglich *(A.na.ly.'sis)*, vgl. *A.ri.o.'vist.* Aber auf der viertletzten Silbe (−4) kann das Wort nicht betont werden: **'A.na.ly.sis* ist ungrammatisch, nicht wohlgeformt; es wäre nicht deutsch.

Die Dreisilben-Regel zeigt insbesondere an, dass das Standarddeutsche keinen Erstsilbenakzent hat. In einer Sprache mit Erstsilbenakzent müßten alle bisher erwähnten Beispielwörter auf der ersten Silbe betont sein. Das gilt z.B. für das Ungarische und das Finnische,

---

[1] *Dabei werden Gedanken und Beispiellisten aus Vennemann 1990, 1998 weiterentwickelt.*
[2] *Mit dem Asteriskus(*) wird angezeigt, dass ein Ausdruck nicht wohlgeformt ist.*

aber auch für das Althochdeutsche, das alle Erbwörter und dazu auch alle Lehnwörter unabhängig von der Akzentuierung in der Herkunftssprache auf der ersten Silbe (+1) betont: Dass das Althochdeutsche alle diese Wörter (und Hunderte weiterer) mechanisch auf der Erstsilbe (+1) betonte, erkennt man daran, dass nur diese bis heute als Vollsilbe erhalten blieb, während alle späteren Silben von Vokalreduktion und zum Teil von gänzlichem Verlust betroffen waren.

Lateinisch		Althochdeutsch	Standard-deutsch
moneta	*mo.ˈnē.ta*	*munizza*	*Münze*
fenestra	*fe.ˈnes.tra*	*fenstar*	*Fenster*
scutella	*scu.ˈtel.la*	*skuzzila*	*Schüssel*
pala(n)tium	*pa.ˈla(n).ti.um*	*phalinza*	*Pfalz*
calcatura	*cal.cā.ˈtū.ra*	*kelctere*	*Kelter*
monasterium	*mo.nas.ˈtē.ri.um*	*munistri*	*Münster*
ma(n)sionarius	*mā(n).si.ō.ˈnā.ri.us*	*mesināri*	*Mesner*
archiater	*ar.chi.ˈā.ter*	*arzāt(er)*	*Arzt*
toloneum	*to.ˈlō.ne.um*	*zol*	*Zoll*

2. Silbenreduktion und die Vollsilbenregel

Wie schon gesagt sind die meisten Akzentregeln gegenüber bestimmten prosodischen Eigenschaften einzelner Silben im Wort sensitiv. Das erste Beispiel nimmt auf die Eigenschaft Bezug, reduziert zu sein.

> ### Definition
> Eine Silbe heißt eine **Vollsilbe**, wenn sie einen der Vokale, /a e i o u ä ö ü/ (auch als Diphthong, /ai au oü (ui)/), enthält, sonst eine **reduzierte Silbe**.

Reduzierte Silben enthalten entweder nur bloße, achromatische Vokalität, den Reduktionsvokal, „unbetontes *e*" wie in *Münze* [mün.t͜sə], *lautet* [lau.tət], auch „*r*-haltiges unbetontes *e*" wie in *Fenster* [fen.stɐ], oder gar keinen Vokal, im letzteren Fall einen der Sonorkonsonanten (Resonanten) /m n ŋ l/ wie in *Atem* [â.tm̩], *Wagen* [vâ.gn̩], [vâ.gŋ], *Rudel* [rû.dl̩].[3] — An diese Definition schließt sich gleich eine Regel:

> ### Vollsilbenregel
> Nur Vollsilben können den Wortakzent tragen.

---

[3] *Zur Notation des Silbenschnitts s. sogleich.*

3. Silbenschnitt, Silbengewicht und die Pänultima-Regel

Definition
Eine Vollsilbe heißt **scharf geschnitten** (kurz **scharf**), wenn ihr Vokal nicht dehnbar ist, sonst **sanft geschnitten** (**sanft**).

In *Mitte* ist das /i/ kurz und nicht dehnbar; die Vollsilbe von *Mitte* ist also scharf geschnitten; in *Miete* ist das /i/ dehnbar; die Vollsilbe von *Miete* ist also sanft geschnitten. Es geht hierbei nicht um lang oder kurz. So ist in *Liebelei* das /i/ der ersten Silbe kurz, jedenfalls kürzer als in *Liebe*; aber in beiden Wörtern ist die erste Silbe sanft geschnitten, ihr Vokal dehnbar. In *Lokomotive* sind alle drei /o/ kurz, ihre Silben aber sanft; nur die erste Silbe wird oft auch scharf gesprochen, daher der scharfe Schnitt auf der geclippten Form *Lok*.

Für die Schnitte verwendet man verschiedene Zeichen. Am bequemsten sind Akut und Zirkumflex: *Lotto* [lóto], *Toto* [tôto]. Da ein Doppelkonsonantzeichen der Orthographie den scharfen Schnitt zuverlässig ausdrückt, ein einfaches Konsonantzeichen zwischen Vokalen und, in betonten Silben,

nach Vokal am Wortende in den meisten Fällen den sanften Schnitt, da ferner geschlossene Silben (s.u.) ansonsten in der Regel scharf geschnitten sind, ist die deutsche Orthographie ein ziemlich verläßlicher Indikator der Schnittverhältnisse. Infolgedessen braucht man in den meisten Fällen den Schnitt gar nicht anzugeben, am wenigsten wenn die orthographische Form daneben steht. So ist der Schnitt bei *Band* [bant] und *Bande* [ban.də] aufgrund der konsonantischen Schließung vorherzusagen, auch bei *Biest* und *bist*, da bei *Biest* die *ie*-Schreibung den sanften Schnitt mitteilt und bei *bist* die konsonantische Schließung den scharfen Schnitt nahelegt. Bei *Mond* und *Monde* ist der sanfte Schnitt unerwartet und ist infolgedessen gegebenenfalls an der orthographischen Repräsentation oder in der Umschrift anzuzeigen: *Mônd, Mônde* bzw. [mônt], [môn.də]. Umgekehrt legt in *April* die Schreibung fälschlich sanften Schnitt der Tonsilbe nahe; hier müßte man deshalb den scharfen Schnitt anzeigen: *Apríl* bzw. [a.príl].

Da in unbetonten Vollsilben der Schnitt selten kontrastiv und meistens vorhersagbar ist, kann das Schnittzeichen zugleich als Akzentmarke gelesen werden. Eine

Schreibung wie [a.ˈpríl] ist deshalb redundant; [a.príl] genügt. — Bei *blond, blonde, Mondamin, Mandrill* ist keinerlei Schnittkennzeichnung erforderlich.

Die Art der Schneidung einer Silbe manifestiert sich in verschiedenen phonetischen Eigenschaften. Am auffälligsten ist die Zentralisierung der Vokale unter scharfem Schnitt. Will man das zum Ausdruck bringen, kann man verschiedene Vokalzeichen verwenden. Die bekannteste Methode ist die Verwendung zweier verschiedener, wenn auch auf einander bezogener Vokalreihen: /a e i o u ɛ ø y/ oder /ɑ: e: i: o: u: ɛ: ø: y:/ bei sanftem Schnitt, /a ɛ ɪ ɔ ʊ œ ʏ/ bei scharfem Schnitt. Dies ist die schlechtestmögliche Notation, weil sie den Eindruck erweckt, das Standarddeutsche habe zwei *a*-Phoneme, zwei *e*-Phoneme, zwei *i*-Phoneme usw. Letzteres stimmt aber offensichtlich nicht. Nach der Intuition jedes nicht linguistisch verbildeten Deutschsprachigen hat die Sprache acht Vokale, *a e i o u ä ö ü,* bzw. sieben bei den Norddeutschen, *a e i o u ö ü* (*ä* in *sägen* und *e* in *Segen* fallen zusammen), und nicht fünfzehn bzw. vierzehn. Eine bessere, aber nur noch selten verwendete Notation setzt unter das Vokalzei-

chen einen Punkt bei sanftem, eine Zedille bei scharfem Schnitt: *rot* /ro̩t/, *Rott* /rǫt/. Diese Notation bezieht die Vokalvarianten systematisch auf einander, suggeriert aber, dass o̩ und ǫ zwei verschiedene Vokale bezeichneten, was nicht zutrifft. Benötigt wird eine Notation, die zum Ausdruck bringt, dass der eigentliche Unterschied ein prosodischer ist und nicht einer der Sprachlaute, ein suprasegmentaler, kein segmentaler. Zeichen von der Art der Akzentmarken — oder eben diese selbst — leisten genau das: /rot/ mit der Marke des sanften Schnitts, /ˆrot/ oder /rôt/, impliziert jene verschiedenen phonetischen Eigenschaften: dass der Vokal dehnbar, dezentral („geschlossen"), lang unter Akzent ist, der Folgekonsonant schwach artikuliert und kurz ist (und auch fehlen könnte); /rot/ mit der Marke des scharfen Schnitts, /ˈrot/ oder /rót/, impliziert die verschiedenen gegenteiligen phonetischen Eigenschaften: dass der Vokal nicht dehnbar, zentralisiert („offen"), immer kurz ist, der Folgekonsonant stark artikuliert und gelängt ist (und nicht fehlen könnte). Dass unter sanftem Schnitt acht Vokalqualitäten zu hören sind, unter scharfem Schnitt nur sieben, liegt daran, dass unter scharfem Schnitt /ä/ und /e/ phonetisch zusammenfallen: [^ɐ̯ä.gn] ≠ [^ɐ̯e.gn] (*sägen*, *Segen*), aber [′fält] = [′felt] (*fällt*, *Feld*).

> **Definition**
> Eine Silbe heißt **offen**, wenn ihre Koda leer ist, sonst **geschlossen**.

In anderen Worten: Eine offene Silbe endet mit ihrem nuklearen Sprachlaut, bei einer Vollsilbe also mit ihrem nuklearen Vokal; weitere Sprachlaute, die die Koda der Silbe bilden würden, folgen nicht. Eine geschlossene Silbe endet auf einen oder mehrere weitere Sprachlaute. Z.B. sind die Silben der Wörter *da, See, sie, so, zu, zäh, Bö, früh* offen, die der *Wörter Mai, Bau, neu; Ball, Mal, Mohn, Mond, Wald, Herbst* geschlossen. Die Silben der ersten drei Wörter heißen **vokalisch geschlossen** (auch: **diphthongisch geschlossen**), die der übrigen Wörter **konsonantisch geschlossen**. Die Silben der letzten drei Wörter heißen auch **mehrfach geschlossen**. Mehrfach geschlossen, nämlich vokalisch-konsonantisch, sind auch die Silben von *Wein, feist, faul, Faust, neun, Freund*.

> **Regel:** Scharf geschnittene Silben sind geschlossen.

Z.B. sind die Silbenbasen /rot/ und /ro/ beide mit sanftem Schnitt verbindbar: *rot* /rôt/, *roh* /rô/. Aber mit scharfem Schnitt verbindet sich nur die geschlossene Silbenbasis, *Rott* /rót/; die offene Basis ist mit scharfem Schnitt nicht sprechbar, */ró/. Neben der vokalischen und der konsonantischen Schließung gibt es einen dritten Fall, den der **ambisyllabischen Schließung**. Dieser Fall tritt dann auf, wenn ein Konsonant zwischen zwei Silben, der, wenn die Erstsilbe sanft geschnitten wäre, zur Zweitsilbe gehörte, durch scharfen Schnitt auf der Erstsilbe zu dieser herübergezogen wird, da scharf geschnittene Silben, wie soeben festgestellt, niemals offen sein dürfen. So gehört das intervokalische /t/ in *Toto* nach universeller Syllabierungsregel ganz zur zweiten Silbe: [to.to]. In *Toto* ist die Erstsilbe sanft geschnitten: [tô.to]. Das paßt zusammen, denn sanfter Schnitt ist der normale, den alle Sprachen haben, die weitaus meisten sogar ausschließlich.[4] Der scharfe Schnitt, z.B. in *Lotto*, ist der besondere: Er verlangt die Schließung seiner Silbe, und wenn sie nicht schon in der Basis — vokalisch oder konsonantisch — geschlossen ist, dann schließt sich die Silbe selbst, indem sie den ersten Konsonanten der Zweitsilbe

---

[4] *Zum besonderen Status der Silbenschnittsprachen vgl. Restle 2003, zu Wegen der Entstehung Mailhammer 2009.*

an sich zieht, ohne ihn aber aus der Zweitsilbe entfernen zu können, wo er ja nach universeller Regel steht und stehen bleibt. Der Konsonant gehört also beiden Silben an, ohne sich aber zu verdoppeln oder mehr als auch sonst nach scharfem Schnitt zu verlängen: /ló.to/ wird [lóto]; die scharf geschnittene Silbe ist **ambisyllabisch geschlossen**. Bei Aufzählung der Silben wird *Toto* zu [tô]-[tô], aber *Lotto* zu [lót]-[tô].

Diese Unterscheidungen erlauben nun die Definition des wichtigsten Begriffs der Akzentlehre:

> ## Definition
> Eine Silbe heißt **schwer**, wenn sie (vokalisch, konsonantisch oder ambisyllabisch) geschlossen ist; sonst **leicht**.[5]

Leicht sind also gerade die offenen Silben. Als leicht erscheinen ferner in einigen Zusammenhängen auch **alle reduzierten Silben**, sogar als Silben eines untersten Schweregrades, als **superleicht**. Entsprechend kann man für bestimmte Zwecke auch bei den schweren Silben eine Klasse der mehrfach geschlossenen, der **super**- oder **überschweren** Silben führen.

Mit diesem Begriffspaar können wir nun eine der beiden wichtigsten Beschränkungen der Akzentuierung formulieren, die den durch die Dreisilben-Regel abgesteckten Freiraum regulieren. Betrachten wir zunächst einige Beispiele. Wie kann das Simplex *Balalaika* betont werden? Sicherlich auf der letzten Silbe (-1), denn das geht bei Vollsilben immer, wenn es auch bei einer offenen Silbe ohne spezielle graphische Kennzeichnung selten ist: ?[ba.la.lai.ˈka]. Gewiß auch auf der Pänultima (-2), denn da liegt der Akzent ja tatsächlich: ![ba.la.ˈlai.ka]. Sicher nicht auf der Präantepänultima (-4), denn das schließt die Dreisilben-Regel aus. Aber auf der Antepänultima, (-3)? Das ist gänzlich ausgeschlossen: *[ba.ˈla.lai.ka]; das wäre nicht deutsch. Woran liegt das? Die Dreisilben-Regel ist doch nicht verletzt, und z.B. *Kanada, Amerika, Jerusalem* und andere Drei- und Viersilbler mit Pänultima-akzent (-3) sind, wie schon gesehen, in Ordnung: [ˈka.na.da], [a.ˈme.ri.ka], [je.ˈru.za.lem]. Warum also *[ba.ˈla.lai.ka]? Der einzige erkennbare Unterschied liegt in der Struktur der Pänultima: Sie ist vokalisch geschlossen bei *[ba.ˈla.lai.ka], sie ist offen bei [ˈka.na.da] usw. Dass

---

[5] *Ein Versuch, die deutsche Standardsprache als Quantitätssprache statt als Silbenschnittsprache zu beschreiben, findet sich in Féry 2008. Dort mißlingt notwendigerweise bereits die Definition des Silbengewichts, und entsprechend kontraintuitiv erscheinen mir als nativem Sprecher die Resultate des Akzentkapitels (Kap. 10).*

dies der Grund ist, zeigen weitere Beispiele: *Suleika* und *Eleusis* werden nicht nur nicht auf der Antepänultima (-**3**) betont; das könnte auch nicht geschehen, das Resultat wäre ungrammatisch, nicht wohlgeformt, nicht deutsch: *[ˈʑu.lai.ka], *[ˈe.loü.ʑis]. Da ferner ?[ʑu.lai.ˈka], ?[e.loi.ˈʑis], wenn auch aus verschiedenen Gründen, fragwürdig wären, bleiben ![ʑu.ˈlai.ka], ![e.ˈloü.ʑis].

Diese Beschränkung gilt nun nicht nur bei vokalischer Schließung, sondern entsprechend auch bei konsonantischer Schließung der Pänultima:

*-3, !-2 Veranda, Petrarca, Modesto, Sarastro, Katmandu

Neben *Katmandu* [kat.ˈman.du] findet sich auch [kat.man.ˈdu], aber nicht *[ˈkat.man.du], und darauf kommt es hier an. Alle diese Wörter und viele andere mit konsonantisch geschlossener Pänultima werden nicht nur nicht auf der Antepänultima betont, sie können es gar nicht, es wäre nicht deutsch: *[ˈve.ran.da], *[ˈpe.trar.ka], *[ˈmo.des.to], *[ˈʑa.ras.tro].

An dieser Stelle könnte jemand auf den Gedanken kommen, dass man zur Formulierung dieser Beschränkung die Silbenstruktur gar

nicht brauche: Der Unterschied sei ja nur, dass etwa bei *Kanada* ein einziger Konsonant zwischen den beiden letzten Vokalen stehe, bei *Veranda*, *Sarastro* usw. aber mindestens zwei. Dass dieser Ansatz falsch ist und dass es tatsächlich ausschließlich auf die Silbenstruktur ankommt, zeigen Wörter wie *Sumatra* und *Kolibri* mit ihren zwei Konsonanten zwischen den beiden letzten Vokalen; bei *Sumatra* hört man neben Pänultimaakzent (-**2**) auch Antepänultimaakzent (-**3**), bei *Kolibri* nur Antepänultimaakzent (-**3**). Vergleichen wir dies z.B. mit *Roberta* und *Viterbo*, wo nur Pänultimaakzent (-**2**) möglich ist, so erkennen wir den Grund: *Sumatra* und *Kolibri* haben die Syllabierung [ʑu.ma.tra], [ko.li.bri] mit offener und somit leichter Pänultima; *Roberta* und *Viterbo* haben die Syllabierung [ro.ber.ta], [vi.ter.bo] mit geschlossener und somit schwerer Pänultima; deshalb ![ˈʑu.ma.tra], ![ˈko.li.bri], aber *[ˈro.ber.ta], *[ˈvi.ter.bo]. Die Beschränkung gilt nun aber nicht nur bei vokalischer und konsonantischer Schließung, sondern entsprechend auch bei ambisyllabischer Schließung der Pänultima:

*-3, !-2 Colonna, Corinna, Andorra, Odessa, Kentucky, Arabella, Canaletto, Mississippi

Sanfter Schnitt auf der offenen Pänultima läßt Antepänultimaakzent (-3)
zu, z.B. *Altona* [ˈal.tô.na] neben *Arko-
na* [ar.ˈkô.na]; aber scharfer Schnitt
schließt ihn aus: **ˈCo.lon.na*; *Anka-
ra* [ˈaŋ.kâ.ra] steht neben *Pescara*
[pes.ˈkâ.ra], aber *Volterra* kann nur
Vol.ˈter.ra sein. Der Grund ist offenbar, dass der scharfe Schnitt auf
den Silben /ló/ und
/té/ diese ambisyllabisch schließt:
[ko.ˈlóṅa], [vol.ˈtéṙa]. — Mit der Definition des Silbengewichts lassen
sich alle diese Ergebnisse folgen-
dermaßen zusammenfassen:

> **Pänultima-Regel:**
> Der Akzent liegt nicht vor einer
> schweren Pänultima.

4. Silbenreduktion und die Münchener Regel

Eine weitere sehr starke Beschränkung des Azents im Dreisilben-
Raum ist die Reduktionssilben-
Regel, kurz als Münchener Regel
bekannt.

> **Münchener Regel:**
> Ist die Pänultima eine Vollsilbe
> und die Ultima reduziert, so
> liegt der Akzent nicht auf der
> Antepänultima.

Tomate, Marine, Margarine können
nur auf der Pänultima betont werden: [to.ˈma.tə], [ma.ˈri.nə],
[mar.ga.ˈri.nə]; antepänultimaler
Akzent wäre ungrammatisch, wäre
nicht deutsch: **[ˈto.ma.tə],
**[ˈma.ri.nə], **[mar.ˈga.ri.nə]. Ihre
große Macht zeigt diese Regel
bei der weiteren Eindeutschung
von Lehnwörtern mit voller Ultima
durch Reduktion der Ultima: *ˈHe.
le.na*, aber *He.ˈle.ne; A.ˈna.ly.sis*,
aber *A.na.ˈly.se;* auch *ˈA.ga.thon*,
aber *A.ˈga.the*. Der Akzent kann
nicht auf seiner Antepänultima
bleiben: **[ˈhe.le.nə], **[a.ˈna.ly.ɛə],
**[ˈa.ga.tə]. Sogar im Flexionspara-
digma läßt die Regel die Muskeln
spielen, indem sie die sonst gelten-
de Kolumnarität durchbricht, die
Eigenschaft, dass der Akzent durch
Flexion nicht verändert wird:

ˈDok.tor   Dok.ˈto.ren   *ˈDok.to.ren
Pro.ˈfes.sor Pro.fes.ˈso.ren *Pro.ˈfes.so.ren
In.ˈspek.tor In.spek.ˈto.ren *In.ˈspek.to.ren

Soll der Akzent kolumnar gesetzt
bleiben, muss die Silbenstruktur
manipuliert werden: Beim Verbum
doktern, doktere, usw. ist die stö-
rende, ursprünglich pänultimale
Vollsilbe reduziert, bei dem ge-
legentlich zu hörenden Plural die
Pro.ˈfessorn ist die Reduktionssilbe
denuklearisiert, unsilbisch gemacht.

5. Die Hiat-Regel

Außer den bisher besprochenen ziemlich starken Regeln gibt es auch schwache, die einige oder sogar viele Ausnahmen zulassen. Sie heißen auch Normalitätsbeziehungen oder Defaults. Da es aber keine klare Abgrenzung gibt, nenne ich hier alle Beschränkungen, ob stark oder schwach, Regeln.[6]

Definition: Eine Folge zweier nuklearer Vokale (in zwei aufeinanderfolgenden Silben) heißt ein Hiat.

Hiat-Regel: Die Vordersilbe eines Hiats mit hohem Vokal (/i ü u/) wird nicht akzentuiert.

Pi.'a.no, Lo.ri.'ot, I.di.'ot, A.ri.'ost, O.ri.'o.lo

'Fo.li.o, 'Pa.ri.a, Al.'lo.tri.a

'Pa.du.a, Gar.'gan.tu.a, 'Ja.gu.ar, 'Ja.nu.ar, 'Fe.bru.ar

my.'op

'Em.bry.o

Normal ist *'Pa.vi.an;* entsprechend lesen wir *'Pa.vi.a,* bis wir belehrt werden, dass es richtig *Pa.'vi.a* heißt. Immer wieder hört man in Rundfunk und Fernsehen *Thalia* (z.B. in *Thalia-Theater*) als *'Tha.li.a* akzentuiert. Dass es *Tha.'li.a* heißt, muss man lernen; es ist eine Ausnahme zur Hiat-Regel. — Ein Spezialfall der Hiat-Regel ist die folgende Regel:

Arien-Regel: Ein Hiat mit hohem Vokal in der Vordersilbe und reduzierter Zweitsilbe wird nicht akzentuiert.

Der Akzent liegt also in solchen Fällen auf der Antepänultima:

'A.ri.e, nicht *A.'ri.e; Kas.'ta.ni.e*, nicht *Kas.ta.'ni.e; Be.'go.ni.e*, nicht *Be.go.'ni.e*, *'Sta.tu.e*, nicht *Sta.'tu.e*, *E.'rin.ny.e*, nicht *E.rin.'ny.e*

Sprechbar ist ein solcher akzentuierter Hiat durchaus, vgl. *Melodien* [me.lo.'di.ən], hier zwecks Bewahrung der innerparadigmatischen Kolumnarität (ansonsten z.B. *Me.'lo.di.on*), und alle Fälle, in denen es keine Antepänultima zum Betonen gibt, gleich ob in Simplizia oder in Flexionsformen, z.B. *Schier* ['ʃi.ɚ], *Mühe* ['mü.ə], *Ruhe* ['ru.ə]. Aber in mehrsilbigen Simplizia werden solche Hiate offenbar gemieden. Die *Arien*-Regel ist insofern als Spezialfall der Hiat-Regel erwähnenswert, als sie eine systematische Ausnahme zur ansonsten ja sehr starken Münchener Regel beschreibt.

---

[6] *Aus demselben Grund ist es auch zwecklos, mehr als zwei, etwa wie Jessen (1999) drei Strengegrade anzusetzen.*

6. Weitere schwache Regeln: Leichte-Ultima-Regel, Schwere-Ultima-Regel, Trampolin-Regel, Pänultima-Default

> **Leichte-Ultima-Regel:** Simplizia mit leichter Ultima werden nicht auf der Ultima akzentuiert.

'li.la, 'Ki.lo, 'Ki.no, 'E.mu, Bi.'ki.ni,
Sa.vo.na.'ro.la ,
'Ka.na.da, 'Ko.li.bri, An.'dro.me.da

Ausnahmen: *Ma.'rie, I.'dee, Soi.'ree, Ha.'ché / Ha.'schee, Fi.'let, Ni.'veau, Bor.'deaux, Fi.'lou, Ra.'gout, per.'du, Mi.'lieu*

Bei den Ausnahmen wird die Ultima gewissermaßen orthographisch beschwert oder, bei *perdu*, verfremdet, um ihre ausnahmehafte akzentuelle Beschwerung auszudrücken. Insofern war die Zulassung der Schreibung *Büro* statt *Bureau* im Hinblick auf das System keine Verbesserung.

> **Schwere-Ultima-Regel:** Der Akzent liegt nicht vor einer schweren Ultima, insbesondere nicht vor einer überschweren Ultima.

Schwere Ultima

-t	*Spagat, Komet, Athlet, Profit, Despot, Anakoluth, Diät, Proselyt*
-tt	*Rabatt, Skelett, adrett, Kabinett, Kompott, kaputt*
-k	*opak, Aspik [as.'pîk], reziprok*
-ck	*Tabak [ta.'bák], Aspik [as.'pík], Barock*
-p, -pp	*Äsop: Galopp*
-z, -tz	*Trapez; Rabatz*
-s, -ss	*Paradies; Koloß*
-f, -ff	*Tarif; Kabuff*
-ch	*Eunuch*
-m, -mm	*Amalgam; Programm*
-n, -nn	*Vatikan, Taifun, Almandin, Obsidian; Tyrann, solenn*
-l, -ll	*Ural, Krokodil; Mandrill, Karussell*
-r, -rr	*Basar, Samowar, obskur; bizarr, Katarrh*
-V	*Lakai, Schalmei, Samurai, Tandaradei, Radau, Palau, ahoi*

Überschwere Ultima

-pt	*Adept, abrupt, korrupt*
-kt	*Katarakt, direkt*
-st	*Palast, Asbest, robust, Manifest, Ariost, Ariovist*
-nt	*Trabant, Gigant, pikant, Elefant, Prozent, Labyrinth, Hyazint, Horizont, Selinunt, Trapezunt*
-nd	*Vagabund, moribund*
-lt	*Asphalt, Tumult, adult*
-rt	*apart, Gallert, alert*
-sk	*grotesk, Obelisk*
-lk	*Katafalk*
-rk	*autark*
-mp	*Olymp*
-rp	*Epikarp*
-nz	*Provinz*
-rz	*Proporz*
-ns	*immens*
-rm	*Alarm*
-rn	*modern*
-rsk	*Novosibirsk*

Ausnahmen: ˈTha.rau, ˈAa.ron; ˈBal.last, ˈKi.osk, ˈPo.panz; ˈGal.lert; ˈAs.phalt

Die Schwere-Ultima-Regel findet eine teilweise Konkurrenz in der folgenden, von dem Münchener Studenten Ulreich (1995) entdeckten und benannten Regel für Mehrsilbler:

> **Trampolin-Regel:** Ist die Ultima schwer und die Pänultima leicht, so liegt der Akzent auf der Antepänultima.

Man muss die Regel wohl auf einfach-schwere Ultimae einschränken, denn doppelt geschlossene Ultimae ziehen den Akzent regelmäßig auf sich.

Ultima sanft: ˈSchar.la.tan, ˈDra.go.man, ˈMar.zi.pan, ˈBal.da.chin, ˈA.la.din, ˈAl.ko.hol, ˈRo.ma.dur; ˈDe.fi.zit

Ultima scharf: ˈA.no.rak, ˈAl.ba.tros, ˈAl.ma.nach, ˈBa.ri.ton, ˈA.na.nas

Pänultima reduziert: ˈA.de.bar, ˈKar.ne.val, ˈBu.me.rang

Ausnahmen sieht man oben bei der Schwere-Ultima-Regel. — Man darf sich bei der *Trampolin*-Regel vorstellen, dass der Akzent seinen Ausgangssitz auf der Ultima hat und dann über die leichte Pänultima hinüberschnellt auf die Antepänultima — oder auch nicht, oder wieder zurück, wie auf einem Trampolin, daher der Name, denn *Trampolin* ist selbst ein solches Trampolin-Wort:

Tram.po.'lin / 'Tram.po.lin,
Dro.me.'dar / 'Dro.me.dar,
Di.a.'kon /'Di.a.kon,
Ma.jo.'ran / 'Ma.jo.ran,
Ro.ma.'dur / 'Ro.ma.dur

Offiziell heißt es zwar *Sa.mo.'war,*
Sa.mu.'rai; doch kann man gleich-
wohl daneben *'Sa.mo.war* und
'Sa.mu.rai hören.

Die *Trampolin*-Regel, die den Akzent, metrisch gesprochen, vom
auf der Ultima aufgebauten Fuß
um einen trochäischen Fuß nach
vorn verschiebt (für das Englische
heißt sie „Alternating Stress Rule"),
wird im Deutschen möglicherweise
durch eine morphologische Regel
gestützt, die griechisch-lateini-
schen Lehnwörtern mit erkennba-
ren Endungen wie *-us, -um, -on* und
offener Pänultima vorzugsweise
Antepänultimaakzent zuweist, z.B.
in *'Dak.ty.lus*, vgl. *daktyl-isch.*

Obulus, Spiritus, Abakus, Publikum,
Tympanon, Distichon, Chamäleon

Dazu gehört vielleicht auch das
oben als Simplex behandelte *Analy-*
sis (d.i. *Analys-is*, vgl. *analys-ier-en*
sowie *Syphilis*, d.i. *Syphil-is*, vgl.
syphil-it-isch usw.).

> **Pänultima-Default:** Ist keine
> andere Regel (oder auch Norma-
> litätsbeziehung) einschlägig, so
> wird die Pänultima akzentuiert.

Ich benutze hier der Kürze halber
das englische Wort, insbesondere
weil der Name „Pänultima-Regel"
schon vergeben ist. — Was regelt
der Pänultima-Default? Ungeregelt
ist nur noch der Fall, in welchem bei
Mehrsilblern Ultima und Pänultima
leichte Vollsilben sind. Wie bei der
Illustration der Dreisilben-Regel
gezeigt, kann in diesem Fall der
Akzent sowohl auf der Pänultima
(**-2**) als auch auf der Antepänultima (**-3**) liegen: *Bi.'ki.ni, 'Ri.mi.ni.*
Es kann sogar beides als richtig
gelten: *Ki.'mo.no* und *'Ki.mo.no.*
Gleichwohl sind die beiden Akzentuierungen nicht gleich normal. Wer
es nicht anders gehört hat, liest
Mo.'de.na statt *'Mo.de.na*. Als der
Name *Texaco* für eine Tankstellen-
kette eingeführt wurde, wurde er
zunächst [tek.'sa.ko] gesprochen,
bis es sich herumsprach, dass der
Name auf Englisch ['tɛk.sə.kow]
lautet.

7. Initialakzent im Deutschen?

Hat das Deutsche also gar keinen Initialakzent? Es hat ihn, aber nur in einer bestimmten Klasse von Wörtern, die in ihren Gruppen so regelmäßig kontrastierend gebraucht werden, dass der Kontrastakzent fest geworden ist. Zu diesen Gruppen gehören die grammatischen Termini: *Nominativ, Genitiv, Dativ, Akkusativ* usw. Es heißt der ʹ*Sta.tiv* in der Terminologie der Grammtik, sonst das *Sta.*ʹ*tiv*. *Legislative, Exekutive, Judikative* ist eine weitere solche Gruppe. Auch einige Personennamen mögen hierdurch ihre abweichende Akzentuierung gefunden haben, z.B. ʹ*Va.len.tin,* ʹ*Au.gus.tin*, auch ʹ*Tu.ran.dot;* man vergleiche insbesondere ʹ*Au.gust* mit *Au.*ʹ*gust*.

8. Zur Motivation der Akzentregeln: Morphologie

Wenn man die Beispiele für die Schwere-Ultima-Regel mit ihrer Ultima-Betonung (-1) genauer anschaut, erkennt man, dass es sich vor allem um flektierbare Wörter handelt und um solche mit unakzentuierten silbischen Derivationssuffixen (vgl. Giegerich 1985, Eisenberg 1991):

direkt : direkte, direktere;
Katarakt : Katarakte,
opak : opake,
Kompott : Kompotte,
Tarif : Tarife
Olymp : olympisch,
Vatikan : vatikanisch

Hier wird innerhalb des Pradigmas, nämlich bei den flektierten Formen, die Münchener Regel wirksam, von der wir schon gesehen haben, dass sie über die Simplizia hinaus ihre Macht entfaltet. Indem die Basisform Ultima-Betonung hat, wird die immer bevorzugte Kolumnarität der Akzentuierung im Paradigma gewährleistet, z.B.:

di.ʹrekt	Ka.ta.ʹrakt	O.ʹlymp
di.ʹrek.ter	Ka.ta.ʹrak.te	o.ʹlym.pisch
di.ʹrek.te.re		o.ʹlym.pi.sche

Unflektierbare Wörter und solche, die nur unsilbische Flexionssuffixe zulassen, unterliegen dieser „Rücksichtnahme" der Grundform auf das Paradigma nicht:

ʹA.na.nas	ʹKa.na.da	Bi.ʹki.ni
	ʹKa.na.das	Bi.ʹki.nis

Freilich springt bei *ka.*ʹ*na.disch* der Akzent um, doch ist die Kolumnarität bei Derivationsparadigmen (ʹ*Ka.na.da* : *ka.*ʹ*na.disch*) kein so ausgeprägtes Desiderat wie bei den Flexionsparadigmen (*'Ka.na.da* : *'Ka.na.das*). Sehr deutlich wird das Zusammengehen von Ultima-Betonung und Flektiertheit bei den Farbnamen *'li.la* und *vio.'lett:* eine *'li.la* Bluse, eine *vio.'let.te* Bluse.

9. Zur Motivation der Akzentregeln: Rhythmus

Schaut man alle Beispiele an, auch diejenigen, in denen die Morphologie eine Rolle spielt, so entdeckt man bald einen gemeinsamen Grund für fast alle akzentuellen Regularitäten, die wir in Regeln gefaßt haben.

1. Die **Dreisilben-Regel** legt fest, dass die längste Akzentstruktur am Wortende höchstens drei Silben umfassen darf, also die Länge eines Daktylus. Was davor steht, ist entweder Auftakt oder wird satzrhythmisch mit sogenannten Nebenakzenten versehen, d.h. zu untergeordneten Füßen arrangiert. — Dass die sogenannten Nebenakzente nicht lexikalisch festgelegt, sondern von der Umgebung satzrhythmisch bestimmt sind, ist in Vennemann 1986 (im Abschnitt „Verwechslung von Wortakzent und Satzrhythmus") behauptet und in Noel 2003 ausführlich nachgewiesen worden; z.B. (mit Halbfett für die rhythmische Nebenprominenz):

der *Ge.ron.to.'lo.ge* [0 1 0 0 1 0]
der *Chef.ge.**ron**.to.'lo.ge* [0 1 0 1 0 1 0]
?der *Chef.**ge**.ron.to.'lo.ge* [0 1 1 0 0 1 0]

der Preis ist *e[k.s]or.bi.'tant* [0 1 0 1 0 0 1]
man fand den Preis *e[k.**s**]or.bi.'tant* [0 1 0 1 0 1 0 1]
?man fand den Preis *e[**k**.s]or.bi.'tant* [0 1 0 1 1 0 0 1].

Wie man sieht, fällt die rhythmische Nebenprominenz auf die zweite Silbe, wenn sonst ein Hebungsprall, [11], einträte. Von Hause aus, lexikalisch, haben die Wörter überhaupt keine Nebenakzente. In der Fachliteratur wird fast ausnahmslos behauptet, dass bei längeren unzusammengesetzten Wörtern die erste Silbe einen Nebenakzent erhalte. Dieser falsche Eindruck entsteht nur, wenn Linguisten die Wörter in

Isolation sprechen, als Ein-Wort-Sätze. So spricht man aber gewöhnlich nicht. In Isolation gesprochene Nebenprominenzen können im Satz auch ganz entfallen:

*die **Ba**.la.'lai.ka* [0 1 0 1 0]
sie spielt Ba.la.'lai.ka [0 1 0 0 1 0]

2. Die **Vollsilben-Regel** garantiert für die große Zahl ererbter Wörter sowie für die silbischen Flexionsformen der Lehnwörter von vornherein ein trochäisches [1 0] oder daktylisches [1 0 0] rhythmisches Profil, gegebenenfalls mit Auftakt:

> *Mutter* [1 0], *Vater* [1 0], *Kinder* [1 0], *Geschichte* [(0) 1 0]
> *alte* [1 0], *ältere* [1 0 0], *gealterte* [(0) 1 0 0]
> *direkte* [(0) 1 0], *direktere* [(0) 1 0 0]

3. Die **Pänultima-Regel** verbietet Daktylen mit schwerer Mittelsilbe zugunsten eleganter Trochäen mit Auftakt oder satzrhythmisch gebildeten untergeordneten Füßen. Ein Wort wie *Veranda* widersetzt sich mit seiner schweren Pänultima einer daktylischen Aussprache, **'Ve.ran.da* [1 0 0]. Das sieht man noch besser an Wörtern, die uns nicht bereits von der gebenden Sprache als trochäisch (mit Auftakt) vorgegeben sind: Namen wie *Otranto* und *Helsinki* werden von Deutschsprachigen nur bei größter Aufmerksamkeit „richtig" ausgesprochen, *'O.tran.to, 'Hel.sin.ki*. Bei nachlassender Aufmerksamkeit oder Ermüdung (oder auch bei Unkenntnis der „richtigen", d.h. der italienischen bzw. finnischen Aussprache) werden sie eingedeutscht: *O.'tran.to, Hel.'sin.ki*.

4. Die **Münchener Regel** verbietet Daktylen, deren Mittelsilbe — als Vollsilbe — schwerer ist als die Endsilbe, die als reduzierte Silbe noch leichter ist als sogar eine offene Vollsilbe, nämlich superleicht, und gebietet die Bildung eleganter Trochäen, gegebenenfalls mit Auftakt oder satzrhythmisch gebildeten untergeordneten Füßen *He.'le.ne* [(0) 1 0], *A.na.'ly.se* [(1 0) 1 0]. Indem solche Wörter selbst trochäisch sind, können sie mit im Satz folgenden leichten Wörtern Daktylen bilden: *Helene ist klug* [0 1 0 0 1]. Wären sie daktylisch, müßte zur Vermeidung dreisenkiger Schlupfstrukturen, *'He.le.ne ist klug* [1 0 0 0 1], die Reduktionssilbe [nə] beschwert werden, was gegen den Geist der Vollsilben-Regel verstieße: *'He.le.**ne** ist klug* [1 0 1 0 1].

Bei ʹ*He.le.na ist klug* hingegen ist genau diese Struktur rhythmisch in Ordnung.

5. Die in der **Hiat-Regel** und der *Arien*-Regel beschriebenen Regularitäten haben wohl eine andere Motivation: Hohe Vokale sind generell hervorhebungsfeindlich (Noel 2003: 153 – 154), und im Kontakt mit anderen Vokalen tendieren sie sogar zur Halbvokalisierung: *I.di.ʹot* → [i.ʹdjot].

6. Die **Leichte-Ultima-Regel** folgt einer universellen Präferenz: Schwere Silben sind bei der Akzentuierung bevorzugt. Ist die vorausgehende Silbe schwer, trägt sie in der Regel den Akzent (Typus *Veranda*), und ist sie eine leichte Vollsilbe, dann wegen des Pänultima-Defaults ebenfalls (*Europa, Romano, Valuta, Bikini, Manitoba, Serengeti*).

7. Die **Schwere-Ultima-Regel** stellt gewissermaßen mit dem finalen stumpfen Fuß die Akzentuierung bereit, die in der Morphologie und auch in der Syntax zu Trochäen und Daktylen führt:
di.ʹrek.te [(0) 1̲ 0],
di.ʹrek.te.re [(0) 1̲ 0 0],
Ka.ta.ʹrak.te [(1 0) 1̲ 0],
Der Ka.ta.ʹrakt ist präch.tig
[0 1 0 1̲0̲ 1 0].

8. Die ***Trampolin*-Regel** trägt insofern nichts zur Verbesserung des Rhythmus bei, als z.B. *Dro.me.ʹdar* und *ʹDro.me.dar* gleichartige Rhythmen stiften, so im Plural, wo nur der Akzentfuß (hier unterstrichen) und der untergeordnete Fuß ihre Plätze tauschen: *Dro.me.ʹda.re* [1 0 1̲ 0̲], *ʹDro.me.da.re* [1̲ 0̲ 1 0].
Insofern ist die Motivation der Regel nicht recht deutlich. Vielleicht handelt es sich um einen Nachhall der früheren Initialakzentuierung, umgesetzt als Frühakzentuierung, wenn dadurch die Rhythmik nicht beeinträchtigt wird.[7]

9. Der **Pänultima-Default** stellt gewissermaßen eine Rangordnung zwischen den beiden deutschen rhythmischen Füßen her: Er besagt, dass der Trochäus gegenüber dem Daktylus bevorzugt ist. Dass das wohl in der Tat so ist, zeigen uns die deutschsprachigen Dichter, die viel häufiger trochäische als daktylische Versmaße wählen, das zeigt uns die größere Häufigkeit trochäischer Wörter und Wortformen im Deutschen, und das zeigen uns auch die Sprachen der Welt, in denen pänultimaler (-**2**) Akzent mehr als zehnmal so häufig ist wie antepänultimaler (-**3**) Akzent (Hyman 1977: 58).

---

[7] *Für die englische Alternating Stress Rule, die allerdings viel regelhafter zur Anwendung kommt als die deutsche Trampolin-Regel, wird genau diese Erklärung gegeben; vgl. Lutz 2009.*

Zusammenfassend läßt sich sagen, dass die meisten Akzentregularitäten der deutschen Standardsprache im trochäisch-daktylischen Satzrhythmus ihre letzte Motivation finden, oder umgekehrt: dass sie durch die lexikalisch-akzentuelle Profilgebung eine problemlos und unbewußt ablaufende syntaktisch-rhythmische Profilgebung ermöglichen. Verallgemeinernd und prägnant, wenn auch verkürzt gesagt (wie ähnlich schon Hyman 1977: 44): „Wortakzent ist gefrorener Satzrhythmus".

10. Schlußfrage: Gelten die Akzentregeln nur für „Fremdwörter", und haben „richtige deutsche Wörter" Initialakzent?

Fast alle oben hinsichtlich ihrer Betonung besprochenen Wörter sind Lehnwörter bzw. „Fremdwörter". Für sie gelten zweifellos die hier dargestellten Beschränkungen, die den Akzent als einen stark eingeschränkten Finalakzent erkennen lassen. Aber gelten sie auch für Erbwörter, für „echte deutsche Wörter"? Sie gelten auch dort.

Das Problem ist, dass man zur Bestimmung akzentueller Regularitäten Simplizia mit mehreren akzentuierbaren Silben benötigt. Die sind aber im Erbwortschatz rar, und zwar als Folge der zum Mittelhochdeutschen hin vollzogenen Silbenreduktion („Vokalreduktion"). Natürlich läßt sich an einem Einsilbler nicht bestimmen, ob die Sprache Initial- oder Finalakzent hat; ob z.B. *Hund* auf der ersten oder der letzten Silbe betont ist, läßt sich außerhalb einer Theorie über den Gesamtwortschatz nicht entscheiden. Aber das Entsprechende gilt auch für die meisten deutschen Mehrsilbler im Erbwortschatzbereich. Ob *locker* auf der ersten oder der vorletzten Silbe betont ist, läßt sich außerhalb einer Theorie über den Gesamtwortschatz ebensowenig entscheiden; es wird einfach die einzige betonbare Silbe betont, und ob das die erste oder die letzte betonbare Silbe ist, kann nur eine Theorie entscheiden, in der diese Erbwortfälle Spezialfälle sind.

Man könnte die Frage als eine „akademische" auf sich beruhen lassen, wenn wir es nicht besser wüßten. Es gibt nämlich ein paar Erbwörter und frühe Lehnwörter mit mehreren Vollsilben, und sie haben den oben beschriebenen Finalakzent. Tatsächlich hatten sie einmal Initialakzent, nämlich den altdeutschen Erstsilbenakzent. Aber als das System sich änderte, blieb ihnen offenbar nur die Wahl, entweder auszusterben oder — sich dem neuen Akzentsystem zu beugen:

Althochdeutsch, Mittelhochdeutsch: Initialakzent	Neuhochdeutsche Standardsprache: Finalakzent
'ho.lun.ter	*Ho.'lun.der*
'weh.hal.ter	*Wac.'hol.der*
'for.ha.na, 'for.hel	*Fo.'rel.le*
'her.me.lin	*Her.me.'lin*
'hel.pfant, 'e.le.fant	*E.le.'fant*
'pa.las	*Pa.'last*
'al.tæ.re, 'al.ter	*Al.'tar*
'le.ben.tig	*le.'ben.dig*

Holunder, Wacholder und *Forelle* unterliegen mit ihrer schweren Pänultima der Pänultima-Regel und zudem mit ihrer reduzierten Ultima der Münchener Regel. *Hermelin* und *Elefant* genügen nach ihrer Umakzentuierung der Schwere-Ultima-Regel. *Palast* und *Altar* mögen Neuentlehnungen sein; jedenfalls haben sie, anders als ihre mittelhochdeutschen Entsprechungen, Finalakzent, und zwar ebenfalls gemäß der Schwere-Ultima-Regel. Geradezu verwunderlich ist die Umakzentuierung bei *lebendig*, das ja erkennbar mit *'le.ben*, *'le.bend* zusammengehört und sich dennoch der Pänultima-Regel unterworfen

hat, wobei der Reduktionsvokal — wohl nach dem Schriftbild — zum Vollvokal /e/ erhoben wurde. Dieser finale Akzent beginnt bereits im Mittelhochdeutschen, den germanisch-althochdeutschen Akzent abzulösen. So reimt Gottfried von Straßburg um 1210 im *Tristan*:

hin wider Arundēle
gegen einem castēle (vv. 18.715 f.)

ez was Īsōt la bēle,
niht diu von Arundēle (vv. 19.287 f.)

Die Endreime *-dele/-tele* und *bele/-dele* beweisen, dass Gottfried nach französischem Muster, z.B. *kas.'tēl* und nicht ˈ*kas.tēl* betont hat, so wie auch wir heute noch *Kastell* auf der Ultima betonen. Mit diesen und vielen weiteren Beispielen kann man zeigen, dass der deutsche akzentuelle Typuswandel bereits im Mittelhochdeutschen seinen Anfang nahm, nachdem das Althochdeutsche nach Ausweis der Stabreimdichtung und der Umakzentuierung der lateinischen Lehnwörter (z.B. *lat. fe.ˈnes.tra* → *ahd.* ˈ*fen.star*, vgl. heute ˈ*Fen.ster)* strengsten Erstsilbenakzent hatte.

Dass der heutige deutsche Akzent kein Initial-, sondern ein Finalakzent ist, zeigt sich sehr deutlich bei der weiteren „Eindeutschung" eingedeutschter griechisch-lateinischer Lehnwörtern und Lehnnamen, bei der der Akzent weiter nach hinten wandert und nicht etwa nach vorn zur ersten Silbe: *A.ˈna.ly.sis* → *A.na.ˈly.se,* ˈ*He.le.na* → *He.ˈle.ne.* Man ist versucht zu sagen: Je deutscher, desto finaler.

Der heutige deutsche Akzent ist ein sogenannter freier, wiewohl sehr stark eingeschränkter Akzent. In dem belassenen Freiraum sind oft verschiedene Akzentuierungen möglich und erlaubt, z.B. ˈ*Ba.ku / Ba.ˈku,* ˈ*Ka.bul / Ka.ˈbul,* ˈ*Ki.mo.no / Ki.ˈmo.no,* ˈ*Dro.me.dar*

/ *Dro.me.ˈdar* (Noel 2002), und es gibt ebendeshalb sogar einige akzentuelle Minimalpaare wie ˈ*Te.nor : Te.ˈnor.* Und in dem belassenen Freiraum ist die ganze Derivations- und Flexionsmorphologie angesiedelt. — Indem bei allen mehr oder minder harten Einschränkungen ein erheblicher Freiraum bleibt, muss man in sehr vielen Fällen den Akzent einfach wissen, z.B. bei *Bi.ˈki. ni:* Es könnte ˈ*Bi.ki.ni* oder *Bi.ki.ˈni* heißen, vgl. ˈ*Ri.mi.ni* und *Ha.la.ˈli.*

Zum Schluß noch eine letzte Richtigstellung. Man kann manchmal hören, dass Lehnwörter ganz einfach wie in der Herkunftssprache betont würden. Das ist insofern richtig, als die Betonung der Wörter dann selten verändert wird, wenn sie unseren Regeln genügt. Genügt sie ihnen aber nicht, kann man, wie gesagt, auch Eindeutschungen wie *O.ˈtran.to* und *Hel.ˈsin.ki* hören, indem ˈ*O.tran.to* und ˈ*Hel.sin.ki* die sehr starke Pänultima-Regel verletzen. Aber selbst wenn schwache Regeln verletzt sind, hört man Umakzentuierungen, z.B. ˈ*Ca.ra.cas* (statt *Ca.ˈra.cas*), ˈ*Si.mon* ˈ*Bo.li.var* (statt *Bo.ˈli.var*), im Enklang mit der *Trampolin*-Regel. Und was ist, wenn wir die Akzentuierung entlehnter Wörter in der Herkunftssprache gar nicht wissen, etwa weil es dort gar keine Akzentuierung in unserem Sinne gibt? Das gilt z.B. für alle japanischen Lehnwörter und Lehnnamen. Da zeigt sich die Letzte-Hilfe-Funktion des Pänultima-Defaults am allerreinsten; denn die japanischen Wörter geben uns bei oft erheblicher Länge meistens keinerlei Anhaltspunkte wie etwa schwere oder gar überschwere oder superleichte Silben, und deshalb: *To.'yo.ta, Su.'zu.ki, Ka.wa.'sa.ki, Mi.tsu.'bi.schi.* Wo uns eine akzentuelle Hand geboten wird, ergreifen wir sie gerne: *'To.ky.o,* gemäß der Hiat-Regel für hohe Erstvokale. Und zuallerletzt: Was geschieht mit neuen Simplizia, die gar nicht von außen kommen, sondern im Deutschen neu gebildet werden, nämlich mit Akronymen wie *UNO* (**U**nited **N**ations **O**rganization), *UNESCO* (**U**nited **N**ations **E**ducational, **S**cientific and **C**ultural **O**rganization), *Degussa* (**D**eutsche **G**old- und **S**ilber-**S**cheideanstalt), *UNICEF* (**U**nited **N**ations **I**nternational **C**hildren's **E**mergency **F**und) usw.? Sie werden wie gewöhnliche deutsche Wörter behandelt: ['u.no] gemäß dem Pänultima-Default, [u.'nes.ko] und [de.'guša] gemäß der Pänultima-Regel, ['u.ni.tšef] gemäß der *Trampolin*-Regel.

Das ältere Deutsch hatte Initialakzent, nämlich Erstsilbenakzent, das heutige Standarddeutsch Finalakzent mit Dreisilbenregelung und Berücksichtigung des Silbengewichts. Ersterer ist germanisch, letzterer romanisch. Insofern können wir die Entwicklung des Akzents — einen Typuswandel — auch so zusammenfassen: Durch den Influx hunderter und tausender gräko-lateinischer und romanischer Lehnwörter ist das Deutsche in akzentueller Hinsicht zu einer romanischen Sprache geworden.

Literatur

Eisenberg, Peter. 1991. „Syllabische Struktur und Wortakzent: Prinzipien der Prosodik deutscher Wörter", Zeitschrift für Sprachwissenschaft 10, 37 – 64.

Féry, Caroline. 2008. Phonologie des Deutschen: Eine optimalitätstheoretische Analyse, Internet-Dokument, 273 Seiten, zu finden auf der Internet-Seite http://www.sfb632.unipotsdam. de/~fery/Phonologie2.html (8. Februar 2010).

Giegerich, Heinz J. 1985. Metrical phonology and phonological structure: German and English (Cambridge Studies in Linguistics, 43). Cambdrige: Cambridge University Press.

Hyman, Larry M. 1977. „On the nature of linguistic stress", in: Larry M. Hyman (Hg.), *Studies in stress and accent (Southern California Occasional Papers in Linguistics, 4), Los Angeles, Kalifornien: University of Southern California, Department of Linguistics,* 37 – 82.

Jessen, Michael. 1999. „Wordstress in Germanic languages: German", in: *Harry van der Hulst (Hg.), Word prosodic systems in the languages of Europe (Empirical Approaches to Language Typology: Eurotyp 20 – 4), Berlin: Mouton de Gruyter,* 515 – 545.

Lutz, Angelika. 2009. „Word accent position and language contact in English and German", in: *Stephen Laker und Robert Mailhammer (Hg.), New directions in historical phonology (= Anglia 127),* 283 – 307.

Mailhammer, Robert. 2009. „Thoughts on the genesis and the development of syllable cut in English", *Problems of English Historical Phonology, Themenheft Anglia 127.2,* 261 – 282.

Noel, Patrizia. 2002. „'Dromedar oder Drome'dar? *Eine Untersuchung des deutschen Simplexakzents anhand von Wörtern mit doppeltem Akzentmuster",* Sprachwissenschaft 27, 423 – 446.

2003. Sprachrhythmus in Metrik und Alltagssprache: Untersuchungen zur Funktion des neuhochdeutschen Nebenakzents *(Studien zur Theoretischen Linguistik, 15). Paderborn: Wilhelm Fink.*

Restle, David. 2003. Silbenschnitt – Quantität – Kopplung: Zur Geschichte, Charakterisierung und Repräsentation der Anschlußprosodie *(Studien zur Theoretischen Linguistik, 14). Paderborn: Wilhelm Fink.*

Ulreich, Christoph. 1995. „Akzent im Deutschen: Neuere Entwicklungen der Forschung und Möglichkeiten ihrer Didaktisierung am Beispiel des Deutschunterrichts für die Erstsprache Ungarisch", *Magisterarbeit, Universität München.*

Vennemann, Theo. 1986. Neuere Entwicklungen in der Phonologie. *Berlin: Mouton de Gruyter.*

1990. „Syllable structure and simplex accent in Modern Standard German", in: *Michael Ziolkowski et al. (Hg.), Papers from the Regional Meeting of the Chicago Linguistic Society 26, Bd. 2: The Parasession on the syllable in phonetics and phonology. Chicago: Chicago Linguistic Society,* 399 – 412.

1998. „Prosodie und Wortgewinnung", in: *Matthias Butt und Nanna Fuhrhop (Hg.), Variation und Stabilität in der Wortstruktur: Untersuchungen zu Entwicklung, Erwerb und Varietäten des Deutschen und anderer Sprachen (Germanistische Linguistik, 141 – 142). Hildesheim: Georg Olms,* 225 – 244.

Die Autoren

Prof. Dr. Ursula Bredel

Ursula Bredel ist Professorin für deutsche Sprache und ihre Didaktik an der Universität zu Köln. Ihre Forschungsschwerpunkte liegen in der Grammatik/-didaktik und der Orthographie/-didaktik. Sie hat 2008 die Kölner Arbeitsgruppe initiiert, deren Ziel es ist, theoretisch abgesicherte Materialien zur Leseförderung zu entwickeln.

Tanja von der Becke studiert Lehramt Sonderpädagogik mit den Förderschwerpunkten Lernen und Sprache an der Heilpädagogischen Fakultät der Universität zu Köln. 1. Staatsexamen voraussichtlich 2011

Inka von Cramm studierte Betriebswirtschaft und war als strategische Planerin tätig, bevor sie Grundschullehrerin wurde. Ihr spezielles Interesse an der Lese- und Schreibförderung ergab sich aus den in der Praxis beobachteten Schwierigkeiten der Kinder mit herkömmlichen Lehrmaterialien.

Marina Krüßmann studierte Sonderpädagogik mit den Förderschwerpunkten Lernen und Sprache an der Heilpädagogischen Fakultät der Universität zu Köln und befindet sich im Vorbereitungsdienst des Landes NRW. 2. Staatsexamen voraussichtlich 2011

Sabine Zepnik studierte Grund- und Hauptschullehramt, unterrichtete an Kölner Grundschulen und ist derzeit Doktorandin bei Frau Prof. Dr. Ursula Bredel am Institut für Deutsche Sprache und ihre Didaktik II an der Universität zu Köln.

Dr. Lisa Dummer-Smoch

Lisa Dummer-Smoch war von 1953 bis 1962 Lehrerin an einer zweiklassigen Landschule im Kreis Husum und an Stadtschule in Barmstedt, Kreis Pinneberg. Von 1962 bis 1968 unterrichtete sie, nach einer Fortbildung zur Sonderschullehrerin, an einer Sprachheilschule und einer Sonderschule für allgemein Lernbehinderte.

Anschließend studierte sie von 1966 und 1970 Psychologie mit dem Abschluss: Hauptdiplom. Danach war sie drei Jahre im Kultusministerium als Referentin für Bildungsberatung tätig. Zu ihren Aufgaben gehörte die Erarbeitung des ersten Schleswig-Holsteinischen Legasthenie-Erlasses.

Ab 1973 Hochschullehrerin an der Pädagogischen Hochschule Kiel. 1978 Promotion. 1992 Pensionierung.

Im Rahmen ihrer Lehrverpflichtungen setzte sie Schwerpunkte vor allem in der Entwicklungspsychologie, Leistungsmessung und Pädagogischen Diagnostik, insbesondere zur Früherkennung von Leselernversagen und Legasthenie.

Sie erarbeitete mit Renate Hackethal den Kieler Leseaufbau und führte Studierende in die kompensatorische Förderung bei Lese-Rechtschreibschwächen ein.

Buch-Veröffentlichungen:

· Die Diagnose der Legasthenie in der Schulklasse 1977
· Duden-Ratgeber Legasthenie 1988, Nachdruck 2001
· Kieler Leseaufbau 1984, (7. Auflage 2007)
· Kieler Rechtschreibaufbau 1987, (5. Auflage 2010/11 in Vorbereitung)
· Laute, Silben, Wörter (Übungsbuch zum Kieler Leseaufbau) 1996
· Vanselow & Dummer-Smoch (2002): Die Vernachlässigung individueller Begabungsstrukturen im deutschen Bildungssystem

Mag. Ruth Klicpera

Rhythmikstudium an der Universität für Musik und darstellende Kunst in Wien, Lehramtsstudium an der Pädagogischen Akademie des Bundes in Wien. Professorin der Pädagogischen Hochschule des Bundes in Wien im Bereich Rhythmikdidaktik; Lehrbeauftragte der Universität für Musik und darstellende Kunst in Wien für Praktikum mit Unterrichtanalyse für Rhythmik mit Kindern in musik- und sozialpädagogischen Institutionen sowie Rhythmik mit Jugendlichen, Erwachsenen oder Senioren. Unterrichtserfahrungen an Volks-, Sonder-, Hauptschulen und allgemeinbildenden höheren Schulen. Referentin österreichweiter Lehrerfortbildungen für Volks-, Sonder-, AHS-, HauptschullehrerInnen und SprachheilpädagogInnen.

Autorin von Rhythmikliteratur für die Schule (siehe Literaturliste)

· **2004:** Rhythmik als Unterrichtsprinzip in der Volksschule – Magisterarbeit in der Studienrichtung Musik- und Bewegungspädagogik, Universität für Musik und darstellende Kunst in Wien, 2004;

· **2003:** Rhythmik und Inklusion: Beispiel Rhythmik. In: „Entwicklungsdidiaktik" Alle Kinder gehen ihren Weg Harald Eichelberger u. Marianne Wilhelm, 2003;

· **2002:** und Rhythmisch-musikalische Erziehung – Beispiele entwicklungsbegleitender Maßnahmen In: „Eine Schule für dich und mich!" Marianne Wilhelm, Gitta Bintinger u. Harald Eichelberger 2002.

Klaus Kuhn

Klaus Kuhn unterrichtet seit 1972 in Seelbach am Kooperativen Bildungszentrum, das aus Grund-, Haupt- und Realschule besteht. Neben seiner Tätigkeit an der Realschule hat er in der Grundschule seit 1980 Schüler im Einzelunterricht gefördert. Diese Erfahrung in der kompensatorischen Arbeit warf die Frage auf, ob eine Weiterentwicklung des kompensatorischen Ansatzes in eine Prävention im Regelunterricht möglich ist. Zusammen mit Frau Rosmarie Handt hat er den „Seelbacher Kontaktkreis" gegründet. Viele Jahre arbeitete er in dem Pilotprojekt „Schulanfang auf neuen Wegen" mit.

In der Lehrerfortbildung, Elternarbeit und außerschulischen Vortragstätigkeit gibt er seine Erfahrungen weiter.
Er ist Hauptautor des Lese- und Schreiblehrgangs „ABC der Tiere – Lesen in Silben" aus dem Mildenberger Verlag, Offenburg.

Prof. Dr. Christina Noack

Prof. Dr. Christina Noack war nach der Promotion von 2000 bis 2003 zunächst Wissenschaftliche Mitarbeiterin an der PH Freiburg in einem Forschungsprojekt zu dialektbedingten Rechtschreib-schwierigkeiten von Hauptschü-lern, danach von 2005 bis 2007 Lehrkraft für besondere Aufgaben an der TU Braunschweig. Mehrere Jahre war sie als freiberufliche Fortbilderin für Lehrerinnen und Erzieherinnen zur sprachlichen Frühförderung sowie in der Er-wachsenenbildung tätig.

Von 2007 an war sie Professorin für Sprachwissenschaft/Sprachdi-daktik an der Universität Münster bevor sie 2010 als Professorin für Didaktik der deutschen Sprache an die Universität Osnabrück wechselte.
Ihre aktuellen Arbeitsschwerpunk-te liegen auf einer linguistisch fun-dierten Konzeption sprachdidak-tischer Unterrichtsmodelle sowie in den Bereichen Leseforschung/ Orthographie und gesprochene Sprache/Phonologie.

Prof. Theo Vennemann, Ph.D.

Theo Vennemann ist seit 1974 ordentlicher Professor für Germanistische und Theoretische Linguistik an der Universität München, seit 2005 als Emeritus. Seine akademische Laufbahn führte ihn von Göttingen, wo er Mathematik, Physik und Philosophie studierte, nach Marburg, wo er in Mathematik, Germanistik und Philosophie das Staatsexamen ablegte. 1964 wanderte er in die USA aus, arbeitete ein Jahr in Texas und ging von dort nach Kalifornien, wo er an der University of California, Los Angeles (UCLA) weiter studierte und 1968 in Germanistischer Linguistik promovierte. Nach einem Jahr als Assistant Professor an der University of California, Irvine, wurde er in das Department of Linguistics der UCLA berufen und dort 1973 zum Full Professor ernannt.

Im folgenden Jahr übernahm er den Lehrstuhl in München. – Prof. Vennemann ist Sprachhistoriker und Sprachtheoretiker. Er untersucht die strukturelle Entwicklung des Deutschen sowie die Herkunft bzw. Entstehung der Sprachen Europas unter besonderer Berücksichtigung ihrer gegenseitigen Beeinflussung. Bekannt geworden ist er vor allem durch theoretische Untersuchungen zur Wortstellung und zur Lautstruktur der Sprachen der Welt, wobei immer auch das Deutsche Berücksichtigung findet. Seine Schriften sind in David Restle und Dietmar Zaefferer (Hrsg.), Sounds and systems: Studies in structure and change: A festschrift for Theo Vennemann, Berlin 2002 verzeichnet sowie auf seiner Universitäts-Homepage,
www.lrz-muenchen.de/~vennemann